Jor-El Caraballo

SHADOW WORK

Dein persönliches Workbook

Bibliografische Information der Deutschen Nationalbibliothek
Die Deutsche Nationalbibliothek verzeichnet diese Publikation in der Deutschen Nationalbibliografie. Detaillierte bibliografische Daten sind im Internet über http://dnb.d-nb.de abrufbar.

Für Fragen und Anregungen
info@m-vg.de

Wichtige Hinweise
Dieses Buch ist für Lernzwecke gedacht. Es stellt keinen Ersatz für eine individuelle medizinische Beratung und Ernährungsberatung dar und sollte auch nicht als solcher benutzt werden. Wenn Sie medizinischen Rat einholen wollen, konsultieren Sie bitte einen qualifizierten Arzt. Der Verlag und der Autor haften für keine nachteiligen Auswirkungen, die in einem direkten oder indirekten Zusammenhang mit den Informationen stehen, die in diesem Buch enthalten sind.

1. Auflage 2024

Türkenstraße 89
80799 München
Tel.: 089 651285-0

Die englische Originalausgabe erschien 2022 bei Adams Media, an Imprint of Simon & Schuster, LLC unter dem Titel *The Shadow Work Workbook*.

Übersetzung: Simone Fischer
Redaktion: Silke Panten
Umschlaggestaltung: Manuela Amode
Umschlagabbildung: Shutterstock.com/Miloje
Layout: Colleen Cunningham, Manuela Amode
Satz: feschart print- und webdesign, Michaela Röhler, Leopoldshöhe
Druck: Florjancic Tisk d.o.o., Slowenien
Printed in the EU

ISBN 978-3-7474-0528-4

Jor-El Caraballo

SHADOW WORK

Dein persönliches Workbook

Heile dein inneres Kind mit Schattenarbeit –
Anleitung und Übungen,
um dein verborgenes Selbst zu entdecken

mvgverlag

Für all jene, die sich auf einer Reise der Selbstfindung
und Akzeptanz befinden ... Ihr habt es verdient.

Inhalt

Einleitung

Hast du das Gefühl, dass du regelmäßig mit Wutausbrüchen, selbstkritischen Gedanken oder problematischen Beziehungsmustern zu kämpfen hast? Wenn das so ist, gibt es wahrscheinlich in deinem Schattenselbst etwas, das erforscht werden möchte.

Dein Schattenselbst ist der Ort, an den du all deine Verletzungen, deine Ängste und deine Traurigkeit verdrängt hast. Diese Anteile von dir gelangen nicht oft ans Tageslicht – es sind Dinge, die du vielleicht meiden willst, weil sie einfach zu belastend und überwältigend sind. Doch es ist nicht gesund, diese Emotionen zu verdrängen und zuzulassen, dass sie unbewältigt in deinem Schatten verweilen. Denn das hindert dich daran, dein ganzes Selbst wirklich zu erkennen und die Selbstliebe zu erlangen, die entstehen könnte, wenn du dich vollumfänglich, also mit all deinen Schattenanteilen, akzeptieren würdest.

Lass dir gesagt sein: Es gibt Hoffnung. Durch Shadow Work, also durch Schattenarbeit, kannst lernen, die verdrängten Anteile deines Selbst besser zu verstehen und in dein Leben zu integrieren. Die Schattenarbeit ist eine Form der mentalen Selbstfürsorge, die dir hilft, deine Wunden aus der Vergangenheit zu heilen, damit du von nun an ein besseres Leben führen kannst. Diese Arbeit ist nicht einfach und kann manchmal Emotionen oder Erinnerungen wecken, die du lieber verborgen gehalten hättest. Sie ist jedoch notwendig, wenn du entdecken willst, wer du wirklich bist. Die 40 praktischenTools, die du in Teil 2 (ab Seite 35) findest, werden dir dabei helfen, dein Schattenselbst besser verstehen zu lernen.

Jeder dieser Abschnitte befasst sich mit einem anderen Aspekt des Schattens und beinhaltet unter anderem Fragen, die dich zum Nachdenken anregen sollen. Nachdem du dich eingehend mit diesen Fragen beschäftigt hast, entdeckst du dazugehörige Affirmationen, die die Botschaft der Selbstakzeptanz verdeutlichen und die positiven Gedanken, auf die du dich konzentrieren möchtest, stärken und festigen.

Dies sind einige der Aspekte des Schattens, die du erkunden wirst:

- Begegne deinem inneren Kind.
- Vergib dir selbst.
- Erforsche deine verborgene Wut.
- Denke über deine Träume nach.
- Verarbeite Verluste.
- Setze dich mit schwierigen Gefühlen auseinander.

Mithilfe der Übungen wirst du Wut und Scham erforschen, deine Gefühle erspüren und so viel mehr. Das *Shadow Work Workbook* hilft dir dabei, ein tieferes Verständnis für alle Anteile deines Selbst zu entwickeln. Die Schattenarbeit kann genau der richtige Weg für dich sein, um alte Wunden zu heilen und ein glücklicheres und erfüllteres Leben zu führen.

TEIL 1

EINFÜHRUNG IN DIE SCHATTENARBEIT

Willkommen in der Welt der Schattenarbeit! Es bleibt oft unerwähnt, wie wichtig es bei schwieriger emotionaler Arbeit ist, sich gut vorzubereiten und ein für sich selbst passendes Tempo zu finden. Dieses Buch ist daher so aufgebaut, dass es dir genau dabei hilft, denn nur so wirst du deine Schatten auch wirklich erfolgreich bearbeiten und vermeidest es, dass sich die Arbeit zu schwierig und überwältigend anfühlt.

In diesem ersten Teil des Buches findest du einige Empfehlungen, wie du das Workbook am besten nutzen kannst, um sicherzustellen, dass du die gewünschten Erkenntnisse gewinnst und gleichzeitig bei der Schattenarbeit gut auf dich aufpasst. Zum Beispiel kannst du dir Unterstützung holen, wenn du beginnst, deine Schattenanteile zu erforschen. Es ist außerdem wichtig, dich kontinuierlich selbst zu reflektieren und Pausen einzulegen. Auf den nächsten Seiten findest du noch weitere Impulse, um die Schattenarbeit so wertvoll wie möglich für dich zu machen.

Du erfährst zudem, welche Rolle die Erdung spielt und warum sie für die Schattenarbeit so wichtig ist. Du wirst einige Übungen zur Erdung entdecken, die du etwa zur Vorbereitung und auch nach deinen Sitzungen zur Schattenarbeit anwenden kannst. Nimm dir gern etwas Zeit, um dich mit den Übungen vertraut zu machen, denn sie sind dein emotionaler Anker während deiner Reise zu dir selbst.

Was ist der Schatten?

Die Theorie des »Schattenselbst« wurde von dem Schweizer Psychoanalytiker und Psychiater Carl Gustav Jung entwickelt. Jung betrachtete den Schatten als Spiegel des »Unbewussten«, das Sigmund Freud beschrieben hatte. (Wie Jung glaubte auch Freud, dass das Unbewusste die Ansammlung von Gedanken und Gefühlen darstellt, auf die wir nicht ohne Weiteres zugreifen können, weil sie zu schmerzhaft sind.) Der Schatten steht für die verdrängten Anteile deiner Persönlichkeit. Diese verborgenen Anteile sind größtenteils negativ, können aber auch positive Aspekte enthalten, die du aus verschiedenen Gründen zu verbergen gelernt hast. Die verborgenen Anteile können von negativen Gefühlen, wie Angst, Traurigkeit und Wut, bis hin zu unausgesprochenen Wahrheiten, tief sitzenden Traumata oder Schmerzen reichen.

Als Teil deiner Psyche – oder einfacher gesagt, deines Verstandes – steht der Schatten in starkem Kontrast zur Persona, die so etwas wie das Gesicht ist, das du der Welt gegenüber aufsetzt. Die Persona ist also quasi die Maske, die du täglich trägst, und das, was die Leute oft für deine Persönlichkeit halten. Es sind die Aspekte deines Selbst, die du anderen im Alltag am ehesten zeigst. Wenn du einen Freund oder eine Freundin, einen Kollegen oder eine Kollegin oder einen geliebten Menschen bittest, dich mit einigen Adjektiven zu beschreiben, würde er oder sie Worte verwenden, die deine Persona widerspiegeln und nicht deine tiefsten inneren Gedanken und Gefühle, wie eben deinen Schatten.

Das ist jedoch nicht ihre Schuld. Jung glaubte, dass es normal ist und dass jeder Mensch gewisse Anteile hat, die vor anderen verborgen sind. Und manchmal, wenn wir tief in der Verleugnung oder im Schmerz stecken, sind diese Anteile sogar vor uns selbst verborgen. Das mag zwar also alles zu unserer Existenz dazugehören, aber es ist nicht unbedingt gesund.

Was existiert im Schatten?

Bei den meisten Menschen liegen ihre tiefsten Verletzungen, Ängste und Unsicherheiten im Schatten. In deinem Schattenselbst kann sich auch der Ursprung deiner Ängste befinden. Der Schatten steht meist für dunklere Emotionen wie Ärger, Wut und Frustration, die die meisten Menschen im Alltag nur schwer ausdrücken können.

Der Schatten ist aber nicht nur schlecht, sondern kann durchaus auch einige positive Eigenschaften bergen. Stell dir zum Beispiel einen Jungen vor, der schon in jungen Jahren äußerst sensibel ist, oder ein junges Mädchen, das lernt, dass es still sein muss, um toleriert und akzeptiert zu werden. In der Regel halten wir Sensibilität und Selbstsicherheit für positive Eigenschaften, die wir anstreben wollen. Warum also könnten sie in jemandes Schatten existieren? Wenn du – vor allem in jungen Jahren – kritische Rückmeldungen über Teile deiner Persönlichkeit erhältst, lernst du, sie in deinem Innersten einzuschließen und zu verstecken. Die Scham verdunkelt diese wunderbaren Eigenschaften und verbannt sie in die Tiefen deines Schattenselbst. Mit zunehmendem Alter kämpfst du möglicherweise ständig damit, der Welt nur deine gesellschaftlich akzeptierten Qualitäten zu präsentieren (Persona), während du die Anteile von dir, von denen du gelernt hast, dass sie einfach nicht in Ordnung sind, herunterspielst oder versteckst. Und diese innere Zerrissenheit, die du in deinem Leben und in deinen Beziehungen erlebst, verwirrt dich.

Es ist wichtig zu erwähnen, dass es bei der Schattenarbeit nicht nur um Dinge geht, die man als Kind erlebt hat. Auch Erwachsene können schmerzhafte Erfahrungen verdrängen. Zwar erleben wir alle einschneidende Erfahrungen wie den Verlust eines geliebten Menschen oder des Arbeitsplatzes, Diskriminierung, eine Pandemie oder ein Trauma auf unterschiedliche Weise. Dennoch halten wir unsere Gedanken, Reaktionen und Gefühle dazu oft beinahe automatisch klein. Manchmal geschieht diese Bagatellisierung aus der Not heraus, weil wir weder die Zeit noch die Kapazität oder die Fähigkeiten haben, um diesen Gefühlen Raum zu geben. In anderen Fällen treffen wir diese Entscheidung bewusst, um etwas zu vermeiden, was sich zu überwältigend anfühlt. Schließlich kann der Umgang mit den verletzlichsten und empfindsamsten Teilen von uns selbst beängstigend und entmutigend sein. Das kann sogar der Fall sein, obwohl wir erkennen, dass etwas in unserem Inneren um unsere Unterstützung und Aufmerksamkeit bittet.

C. G. Jungs Theorie des Schattens basiert auf den folgenden beiden Grundsätzen. Erstens: Wir *alle* haben ein Schattenselbst. Und zweitens: Wahres seelisches Wohlbefinden kann nur dann erreicht werden, wenn du diese unerwünschten Anteile deines Selbst in deine übergeordnete Persönlichkeit integrierst. Das wiederum verringert das Unbehagen und die anhaltende Unruhe, die Angst und die inneren Konflikte, die du spürst, wenn du versuchst, dich in Rollen, Beziehungen und Umgebungen einzufügen, die eigentlich nicht zu dir passen.

Der Schatten repräsentiert oft die Anteile von dir, die du nicht anerkennen willst. Dein Ego versucht, diese Anteile zu schützen, und vergräbt sie deshalb ganz tief. Das Ego arbeitet Hand in Hand mit dem Über-Ich, das steuert, wie du mit der Welt um dich herum interagierst. Grundlegende Impulse (das Es) und Teile von dir, die von anderen heruntergespielt werden, werden in den Schatten und in die unbewussten Teile deines Geistes verbannt. Im übertragenen Sinne fährt also dein bewussterer Teil (Ich, Über-Ich, Persona) das Auto, während das Es und das Schattenselbst zu unsichtbaren Beifahrern werden. Das führt zu inneren Spannungen und Konflikten. Du identifizierst dich bewusst mit deinem Ego. Das Schattenselbst wird dann zum unbewussten Treiber deines Verhaltens und deiner Entscheidungen, während dein bewusstes Selbst irgendwie zu verstehen versucht, warum du die Dinge tust, die du tust. Genau dies ist der entscheidende Grund dafür, diese persönliche Arbeit anzunehmen und tiefer zu gehen.

Eine der besten Metaphern für den Schatten in der Literatur ist Robert Louis Stevensons *Der seltsame Fall von Dr. Jekyll und Mr. Hyde*. Diese dramaturgische Version der Persona (Dr. Jekyll) und des Schattens (Mr. Hyde) spiegelt Jungs Theorie wider, dass wir alle eine ganze Bandbreite an Tiefe und Dunkelheit in uns tragen, die wir nicht bereitwillig erkennen und akzeptieren. Jung glaubte, dass wir mehr Lebensqualität und inneren Frieden erfahren können, indem wir uns selbst beobachten und unser Schattenselbst integrieren und annehmen. Dadurch entwickeln wir eine größere Einsicht und vermeiden, dass wir zu unseren eigenen schlimmsten Kritikern und Selbstsaboteuren werden.

Warum Schattenarbeit sinnvoll ist

Zwei der wichtigsten Werkzeuge für psychische Gesundheit und Wohlbefinden sind der Blick nach innen und Selbsterkenntnis. Die Schattenarbeit ist eine von vielen Möglichkeiten, dich selbst besser zu verstehen, und es ist ein unglaublich effektiver Weg, um ein tieferes Bewusstsein für deine Hoffnungen und Ängste zu entwickeln.

Wenn du Schwierigkeiten damit hast, den Blick nach innen zu wenden, empfindest du möglicherweise beunruhigende Gefühle wie Verwirrung, Schuld und Scham. Indem du allerdings mehr Klarheit über deine tiefsten Wünsche und Traumata erlangst, wirst du nicht nur besser verstehen, was du dir vom Leben wünschst, sondern du kannst auch heilen. Die Heilung führt schließlich dazu, dass du mental gesünder wirst, weil du einige der tiefen Scham- und Schuldgefühle loslassen kannst, die du vielleicht als Reaktion auf schwierige Umstände wie Traumata, Vernachlässigung oder Missbrauch entwickelt hast. Du kannst dich von schädlichen Mustern in deinem Leben befreien und beispielsweise damit aufhören, Zeit für eine unerfüllende Arbeit oder giftige Beziehungen aufzuwenden. Wenn du besser verstehst, was in deinem Schattenselbst verborgen ist, kannst du bewusstere Entscheidungen darüber treffen, wie du deine Bedürfnisse und deinen Schmerz angehen willst. Ohne diesen tiefen Blick nach innen machst du vielleicht immer wieder dieselben Erfahrungen, ohne zu wissen, wie (und warum) du in diesen Mustern feststeckst.

Die Schattenarbeit ist eine schwere, herausfordernde Arbeit, aber sie ist die Mühe wert. Denn der Lohn für diese Arbeit ist eine stärkere Integration aller Anteile deines Selbst, die dir ein besseres, friedlicheres und gelasseneres Leben ermöglicht.

Bereite dich darauf vor, tief zu graben

Ein tieferes und besseres Verständnis von dir selbst zu erlangen, ist eine befreiende, bejahende Arbeit. Wenn du mit dieser Arbeit beginnst, wirst du vielleicht feststellen, dass negative Gefühle oder Erinnerungen hochkommen. Das ist normal und sogar zu erwarten. Denn wenn du Schritte unternimmst, um unterbewusste oder unbewusste Inhalte bewusster zu machen, kommen einige der Dinge, die du nicht gerne denkst oder fühlst, an die Oberfläche. Hol dir also jede Unterstützung, die du für hilfreich hältst, während du die Impulse in diesem Buch befolgst. Freunde, Familie, ein Partner oder eine Partnerin oder andere geliebte Menschen können unglaubliche Verbündete auf dieser Reise zu tiefer Selbsterkenntnis und Heilung sein. Darüber hinaus möchtest oder brauchst du vielleicht noch weitere Unterstützung auf deinem Weg, weshalb du in Erwägung ziehen könntest, die Unterstützung einer Therapeutin oder eines Therapeuten in Anspruch zu nehmen, wenn sich das für dich stimmig anfühlt. Am Ende dieses Buches (ab Seite 246) findest du hilfreiche Netzwerke, Websites und Bücher, die du nutzen kannst, um mehr über dich und deinen Schatten zu erfahren.

Schattenarbeit kann zwar schwierig sein, aber sie ist unglaublich transformativ und heilend. Wenn du in negativen Mustern feststeckst oder das Gefühl hast, deine alten Verhaltensweisen nicht mehr zu ertragen, zeigt dir die Schattenarbeit einen gesunden Weg nach vorne. Vielleicht ist dir dabei manchmal unbehaglich oder unwohl zumute. Es kann sogar sein, dass du während der Schattenarbeit etwas schwermütig oder traurig bist – all das ist ganz normal. Versuche, geduldig und freundlich mit dir selbst zu sein. Versuche auch, Routinen und Rituale zur Selbstfürsorge einzuführen; sie werden dir dabei helfen, dich zu erden.

Einstieg in deine Schattenarbeit

Mehr über dich selbst zu erfahren, ist ein liebevoller Prozess. Egal, ob es eine bestimmte Situation in deinem Leben gibt, in der du dich nicht wohlfühlst, oder ob du nach mehr Einsicht suchst, dieses Buch wird dir auf deinem Weg helfen. Das Ziel dieses Buches ist es, dir nicht nur Klarheit darüber zu geben, was dein Schatten ist, sondern dir auch eine Anleitung zu bieten, mit der du dem Leben näher kommen kannst, das du führen möchtest. Dieses Workbook will dir jedoch keine strengen Vorschriften machen, denn du selbst verstehst dich und deine Lebensumstände am besten. Vielmehr soll das Buch dir helfen, deine innere Welt mit neuer Tiefe und neuem Verständnis zu erkunden.

Die Übungen in diesem Buch unterstützen dich dabei, mit deinem Schattenselbst in Kontakt zu treten und es besser zu verstehen. Dadurch erlangst du einen Zugang zu den nicht so leicht sichtbaren Anteilen deines Unterbewusstseins. Mit diesen neuen Informationen kannst du verborgene Talente entdecken, unbewusste Muster in deinem Leben durchbrechen und den nächsten Schritt auf deinem Heilungsweg erreichen.

Im ersten Teil dieses Buches erfährst du etwas über die Erdung, die bei dieser schwierigen Arbeit entscheidend ist. Bevor du mit einem der Schritte beginnst, empfiehlt es sich, eine Übung zur Erdung durchzuführen. So kannst du dich zentrieren, bevor du dich in die anspruchsvolle Schattenarbeit stürzt. Das Erden hilft dir auch dabei, jeglichen Stress abzuschütteln, den du vielleicht mitbringst und der ansonsten deine Bemühungen beeinträchtigen oder dich verunsichern könnte. Nachdem du dich geerdet hast, wählst du einen Impuls aus, den du angehen möchtest. Du kannst die Punkte der Reihe nach durchgehen oder gezielt einen auswählen, der sich für dein Leben gerade besonders relevant anfühlt. Lies die Informationen in jedem Abschnitt, beantworte dann die Reflexionsfragen und schließe deine Sitzung mit den Affirmationen und eventuell einer weiteren Erdung ab. Du kannst auch mehr als einen Punkt in einer Sitzung bearbeiten, wenn du möchtest. Achte lediglich darauf, nach jedem Schritt kurz innezuhalten und zu prüfen, dass du dir nicht zu viel zumutest. Solltest du dich bereits ausgelaugt, erschöpft, frustriert oder verärgert fühlen, ist es nicht der richtige Zeitpunkt für die Schattenarbeit. Du brauchst Energie und Mut, um dich auf die Schattenarbeit einzulassen. Wenn dir dabei nichts anderes im Weg steht, kannst du dich auf einen Erfolg einstellen.

Bevor du beginnst, beachte die folgenden Punkte.

Nimm dir Zeit

Die eigenen Schatten zu erforschen, ist tiefe psychologische Arbeit. Das liegt vor allem daran, dass wir dazu neigen, die nicht ganz so wunderbaren Teile von uns abzulehnen. Es kann aufreibend sein, sich durch die mentalen Blockaden zu kämpfen, die verinnerlichte Aussagen anderer und eigene ängstliche oder depressive Gedanken und Gefühle so mit sich bringen. Diese Arbeit kostet viel Energie. Das gilt vor allem dann, wenn du den Anspruch hast, so ehrlich wie möglich zu dir selbst zu sein. Nimm dir unbedingt Zeit und lege regelmäßig Pausen zwischen den Übungen ein. Keine Sorge, die Übungen werden hier auf dich warten, bis du zurückkommst.

Versuche, geduldig zu sein

Schattenarbeit ist komplex, das bedeutet, gerade zu Beginn bekommst du nicht immer sofort kristallklare Offenbarungen. Es wird Themen oder Übungen geben, bei denen du recht leicht zu tieferen Einsichten gelangst, und andere, bei denen es dir schwerer fallen wird. Erkenne die Fortschritte an, die du machst, akzeptiere aber auch, dass manche Themen mehr Zeit und Geduld erfordern. Versuche, dich nicht zu hetzen oder so stark unter Druck zu setzen, dass du am Ende mental frustriert und erschöpft bist. Die Schattenarbeit ist ein fortlaufender Prozess, an dem du wächst. Deine Gedanken und Gefühle über dich selbst, deine persönliche Geschichte und die Welt um dich herum können sich mit der Zeit verändern. Gib dir Zeit, um mehr über dich zu erfahren. Die Einsicht wird kommen!

Suche dir zuverlässige Unterstützung

Da tiefe persönliche Arbeit wie gesagt anstrengend sein kann, ist es wichtig, dass du währenddessen auf dein Wohlbefinden achtest. Praktiziere Selbstfürsorge und nutze dafür Methoden, die für dich gut funktionieren. Selbstfürsorge ist nur dann effektiv, wenn du sie auch wirklich stressfrei durchführen kannst.

Achte darauf, auch andere Dinge zu tun, die dir Freude bereiten. Verstricke dich nicht so sehr in »die Arbeit«, dass du dabei die leichten und einfachen Dinge des Lebens vergisst. Unterschätze auch nicht die Rolle, die andere bei deiner Erkundung spielen. Du kannst mit anderen Menschen über deine Ideen diskutieren. Freunde und Angehörige können dich in deinen Herausforderungen bestärken und dir eine Schulter zum Ausweinen bieten, wenn du sie brauchst. Auch professionelle Unterstützung ist hilfreich. Als Fachmann für psychische Gesundheit weiß ich, wie transformativ und heilend eine Therapie sein kann. Auch andere Anbieter wie Heiler, Akupunkteure, Reiki-Meister und so weiter können dich unterstützen und dir weitere Einblicke geben, wenn du das möchtest. Stelle sicher, dass du die Unterstützung bekommst, die dir wirklich hilft.

Übe dich in Selbstmitgefühl

Vielen Menschen fällt es schwer, freundlich zu sich selbst zu sein, aber wir alle sollten unserer emotionalen Gesundheit zuliebe lernen, Selbstmitgefühl zu entwickeln. Manchmal entsteht das von ganz allein, weil man sich im Zuge der Schattenarbeit selbst immer besser versteht. Hin und wieder sind aber auch andere Praktiken nötig, um sich selbst mit Mitgefühl zu begegnen. Das kann so aussehen, dass du deine Gedanken neu ordnest, Affirmationen verwendest und viele andere Dinge tust – zum Beispiel die Impulse in diesem Buch durchgehst. Selbstakzeptanz und Selbstmitgefühl sind die Eckpfeiler meiner Arbeit als Psychotherapeut. Ich hoffe, dass du lernst, mit deinen Schatten umzugehen, und dich selbst auf diesem Weg durch die Brille des Selbstmitgefühls zu betrachten.

Warum Erdung für die Schattenarbeit wichtig ist

Bei der Schattenarbeit geht es darum, Gedanken und Gefühle zu erforschen, die außerhalb des Bewusstseins schlummern. Es kann schwierig und mühsam sein, die täglichen Hürden zu überwinden, die du dir selbst auferlegt hast, um deinen Schatten zu verdrängen. Vielleicht waren bisher Verleugnung, Verdrängung und Projektion gängige Strategien, um dich vor den dunkleren Teilen deines Selbst zu schützen. Es sind Verteidigungsstrategien. In Maßen sind sie durchaus nützlich, aber es kostet dich zusätzliche geistige Energie, sie zu überwinden.

Abgesehen davon, dass es schwierig ist, all deine psychologischen Abwehrmechanismen zu durchdringen, kann es sein, dass dir nicht gefällt, was du vorfindest, wenn du an den Kern deiner verborgenen Bereiche, an deinen Schatten, gelangst. Schließlich sind diese Schutzmechanismen dazu da, dass du von deinem Schattenselbst nicht völlig überwältigt wirst. Wenn du beginnst, verborgene Anteile deines Selbst aufzudecken, kann dich dies erschüttern und verunsichern. Deshalb brauchst du (mentale) Strategien, die dir Sicherheit und Leichtigkeit geben. Du brauchst eine Umgebung, in der du eine Atempause einlegen und dich erholen kannst, während du langsam lernst, deine Schattenanteile zu besuchen und zu integrieren. Hier kommen die Fähigkeiten und Strategien der Erdung ins Spiel.

Die folgenden Übungen bieten dir verschiedene Möglichkeiten, das Erden auszuprobieren. Sie sind vor allem dann nützlich, wenn du noch nicht weißt, wie du dich mit dir selbst sicher und geborgen fühlen kannst. Wenn du bereits Erfahrungen mit der Erdung gemacht hast, sind dir einige der folgenden Strategien vielleicht schon bekannt. Möglicherweise bist du in deiner bisherigen persönlichen Entwicklung bereits auf ähnliche Varianten gestoßen. In jedem Fall ist es wichtig, dass du diese Werkzeuge zur Hand hast, wenn du dich mit Schattenarbeit beschäftigst.

Bei der Arbeit mit diesem Buch kann es passieren, dass du Frustration, Schmerz, Wut oder sogar Verzweiflung empfindest. Es ist ganz normal, dass einige große Gefühle auftauchen. Schattenarbeit ist nie einfach und oft beunruhigend, sie ist aber durchaus gut zu bewältigen, wenn du Unterstützung hast und über Strategien verfügst, um mit schwierigen Gefühlen umzugehen. Wende die folgenden Erdungsübungen so oft an, wie du möchtest. Ideal ist es, wenn du sie vor und nach jeder Übung ausführst, besonders wenn du das Thema der Übung als herausfordernd empfindest oder du merkst, dass es irgendetwas in dir auslöst.

Wenn du dir professionelle Unterstützung wünschst, findest du am Ende dieses Buches einige hilfreiche Adressen (ab Seite 246).

VERBINDE DICH MIT DEINEM ATEM

Das Atmen ist eine Erdungstechnik, die du jederzeit und überall anwenden kannst. Atemarbeit ist unglaublich effektiv, wenn es darum geht, dein Nervensystem zu regulieren, das oft aktiviert wird, wenn du schwierige Gefühle wie Traurigkeit, Schuldgefühle, Scham usw. erlebst. Bei der Schattenarbeit lädst du bewusst die Möglichkeit ein, dass diese großen Gefühle hochkommen. Achtsames Atmen hilft dir dabei, dein Nervensystem zu beruhigen und deinem Gehirn die Botschaft zu übermitteln, dass du dich in einem sicheren Raum ohne Bedrohungen befindest. Die folgende Übung zeigt dir, wie du dich mit deinem Atem verbinden kannst.

Schritte zur Umsetzung

1. **Mach eine Bestandsaufnahme deiner Umgebung.** Ist es ein gemütlicher und ruhiger Ort? Wenn nicht, versuche, einen Ort zu finden, an dem du ganz in Ruhe ein wenig Zeit mit dir

selbst verbringen kannst. Wenn das nicht möglich ist, benutze Kopfhörer, Ohrstöpsel oder Ähnliches, um dich nicht durch äußere Reize und Ablenkungen stören zu lassen.

2. **Bring dich in eine bequeme Position.** Du kannst dich hinsetzen oder hinlegen, wie es dir am angenehmsten ist. Achte nur darauf, dass du frei und ohne zusätzliche Anstrengung oder Schwierigkeiten atmen kannst. Dein Zwerchfell (Bauch) und deine Atemwege sollen so wenig wie möglich gestört werden. Halte deinen Rücken gerade, aber entspannt, egal, ob du aufrecht sitzt oder liegst.
3. **Nimm dir nun einen Moment Zeit, um einfach wahrzunehmen, was dein Atem hier und jetzt tut.** Achte darauf, was beim Einatmen und beim Ausatmen passiert. Vielleicht merkst du, wie sich Teile deines Körpers beim Einatmen heben (zum Beispiel die Brust, die Schultern oder der Bauch) und beim Ausatmen wieder senken. In diesem Moment nimmst du nur wahr, was mit deinem Atem passiert. Atme ganz natürlich, du brauchst nichts zu erzwingen.
4. **Atme durch die Nase oder durch den Mund ein, je nachdem, was dir angenehmer ist.** Nimm ein paar Atemzüge wahr. Schaffe Raum für dich und deinen Atem, um dich so zu zeigen, wie du bist, genau hier und jetzt. Atme eine Minute lang in dem Rhythmus, der sich angenehm und natürlich anfühlt.
5. **Nach einer Minute des natürlichen Atmens versuchst du, deinen Atem zu vertiefen.** Es kann hilfreich sein, dabei eine Hand sanft auf deinen Bauch zu legen. Während du einatmest, dehnst du deinen Bauch aus, wobei deine Hand weiter auf ihm ruht. Du wirst bemerken, dass sich deine Hand bei dieser Einatmung nach außen bewegt. Erlaube dir auch, geräuschvoll zu atmen. Deine Atemzüge könnten sich zum Beispiel wie die Wellen eines Ozeans anhören; du möchtest, dass deine Atemzüge fast genauso tief sind.

6. **Versuche, jedes Einatmen ein paar Sekunden länger andauern zu lassen, damit sich dein Bauch ausdehnen kann.** Versuche auch, dein nächstes Ausatmen zu verlängern. Erlaube deinem Atem, ganz hinauszuströmen. Du wirst merken, dass sich die Hand, die auf deinem Bauch ruht, zusammenzieht und bei jedem Ausatmen näher zu dir kommt. Nimm dir etwa eine Minute Zeit, um dich an diesen tieferen Atem zu gewöhnen, und achte darauf, wie sich dein Zwerchfell bewegt. Du schaffst Platz im Bauch, damit sich die Luft darin entfalten kann, und lässt sie dann mit Leichtigkeit wieder los. Du brauchst dich dabei nicht anzustrengen. Lass dich von deinem Atem leiten. Je öfter du das übst, desto tiefer werden deine Ein- und deine Ausatmung. Mit etwas Übung wirst du einen Atem finden, der sich tiefer anfühlt als dein alltäglicher Atem, aber nicht so tief, dass er sich anstrengend anfühlt.
7. **Nimm dir ein paar Momente Zeit, um ganz im Einklang mit dir selbst, deinem Körper und diesem tiefer werdenden Atem zu sein.** Kein Urteil. Kein Druck. Sei einfach mit dem Atem verbunden, der in diesem Moment existiert.
8. **Wenn du bereit bist, ins Hier und Jetzt zurückzukehren, erlaube dem Atem, wieder in seinen typischen Rhythmus zu kommen.** Schau dich in dem Raum um, in dem du dich befindest, nimm die Geräusche wahr und bring deine Aufmerksamkeit langsam in deinen Tag zurück.

Mach dir bewusst, dass es dich nur ein paar Minuten Zeit gekostet hat, um mit dir und deinem Atem zu sein. Nimm wahr, wie zentriert und geerdet sich dein Körper nun anfühlt. Nimm wahr, wie ruhig und gelassen du jetzt bist. Mit dieser einfachen Atemübung kannst du dich nun jederzeit so fühlen. Wende sie an, wann immer du willst oder wenn du das Gefühl hast, dass du dich etwas ausgeglichener und zentrierter fühlen möchtest.

ERSCHAFFE EINEN TALISMAN DER ERDUNG

Wenn du während der Schattenarbeit mit schwierigen Emotionen konfrontiert wirst, kann es leicht vorkommen, dass du dich davon gestresst oder überwältigt fühlst. Deshalb ist es wichtig, verschiedene Techniken anzuwenden, die dir helfen, ein Gefühl der Balance und Erdung zu erlangen. Die Erdung ist der Prozess, durch den du dich im Moment zentrierst, um große Angst, Stress und sogar traumatische Reaktionen und Dissoziation zu bewältigen.

Eine der wirkungsvollsten Methoden, um dich zu erden, ist die Körper-Geist-Verbindung. Du kannst die körperliche Erdung üben, indem du ein kleines Symbol, einen Talisman, in diesen Prozess einbeziehst. Für diese Übung brauchst du einen kleinen Gegenstand, der leicht in deine Hände passt. Du kannst dafür einen kleinen Stein, ein Schmuckstück, eine Münze oder etwas in ähnlicher Größe wählen.

Diese Übung hilft dir, eine Erdungshilfe zu erschaffen, die du in verschiedenen Situationen einsetzen kannst, egal, ob du dich durch die Schattenarbeit herausgefordert fühlst oder du mit anderen Stressfaktoren im Leben zu kämpfen hast.

Schritte zur Umsetzung

1. **Kreiere eine Umgebung, in der du dich wohlfühlst.** Es ist hilfreich, wenn du dich an einen Ort begibst, an dem es nur wenige Ablenkungen gibt, damit du dich ganz auf diese erdende Erfahrung einlassen kannst. Schalte alle digitalen Geräte stumm oder deaktiviere die Benachrichtigungen, die dich in den nächsten Minuten stören könnten.

2. **Wenn du deinen Talisman ausgewählt und dich an einen ruhigen Ort begeben hast, setze dich in eine bequeme Position.** Lege deinen Talisman in Reichweite deiner Hände ab. Du musst ihn jetzt noch nicht halten, aber du kannst es gerne tun. Nimm dir ein oder zwei Minuten Zeit, um dich mit deinem Atem zu verbinden. Wenn dabei andere Gedanken auftauchen, ist das in Ordnung. Es ist ganz normal, wenn deine Gedanken zunächst noch kreisen. Erinnere dich einfach sanft daran, dass du dich in diesem Moment nur auf deinen Atem konzentrieren möchtest. Verbringe die nächsten ein oder zwei Minuten damit, dich mit deinem Körper und deinem Atem zu verbinden.
3. **Wenn du dich mit deinem Atem verbunden fühlst und merkst, dass er in einem sanften, tiefen Rhythmus fließt, ist es an der Zeit, dir einen Ort vorzustellen, der für dich Ruhe und Gelassenheit verkörpert.** Das kann ein Ort sein, an dem du schon einmal warst (etwa ein schöner Strand oder das Haus eines geliebten Menschen). Es kann aber auch ein Ort sein, der nur in deiner Vorstellung oder in der Fantasie existiert. Du darfst deiner Fantasie gerne freien Lauf lassen – die einzige Regel hierbei besteht darin, dass du dich an diesem Ort sicher und geborgen fühlst.
4. **Nimm dir einen Moment Zeit, um dir die Details dieser sicheren Umgebung vorzustellen.** Dieser Ort kann wie gesagt beispielsweise ein Strand mit warmem Sand und einer sanften Brise sein. Es kann auch ein Ort in deinem Zuhause sein oder ein Ort, über den du gelesen oder den du in einem Film gesehen hast. Halte die Details in deinem Kopf fest, von der Beleuchtung bis zu den Gegenständen, die den Raum füllen. Stell dir die Geräusche vor, die du in dem Raum hören könntest, und die anderen Wesen, wie Menschen oder Tiere, die dich dort mit Wärme und Freundlichkeit begrüßen könnten. Erlaube dir, für einen Moment in diesen Details zu schwelgen.

5. **Während du dir ein klares Bild von dieser einladenden Umgebung machst, greifst du nach deinem Talisman und legst ihn in deine Hände, sodass er genau zwischen deinen Handflächen liegt.** Dein Griff sollte angenehm, aber fest sein. Achte auf die Details des Talismans, wie er zwischen deinen Handflächen liegt. Achte auf seine Form, sein Gewicht und seine Beschaffenheit, während du ihn in den Händen hältst. Bleibe dabei stets mit dem ruhigen Ort vor deinem geistigen Auge verbunden.
6. **Konzentriere dich nun auf die positive, heilende und entspannte Energie, während du die nächsten 30 Sekunden den Talisman in deinen Händen festhältst.** Du kanalisierst die Energie dieses warmen, erholsamen Ortes in den Talisman, den du zwischen deinen Händen hältst. Während du den Talisman hältst, solltest du nun die Spannung in deinen Händen, Unterarmen und Oberarmen spüren. Stell dir vor, dass du die heilende Energie von deinem sicheren Ort direkt in den Talisman leitest, sodass die Erinnerung an diesen Ort in ihm weiterlebt.
7. **Nach 30 Sekunden kannst du deine Hände wieder entspannen.** Lass den Talisman nun in deinen Händen ganz ohne Spannung ruhen.

Du hast dir gerade einen Moment Zeit genommen, um einen ganz besonderen Talisman zu erschaffen und ihn in ein Symbol für Sicherheit und Gelassenheit zu verwandeln. Dieser Talisman steht nun für diesen Moment, für die kurze Reise, die du gerade in deinem Geist zu deinem sicheren Ort unternommen hast.

Die physische Manifestation dieses Ortes, also dein Talisman, steht für Behaglichkeit, Sicherheit, Schutz und Leichtigkeit. Du kannst deinen Talisman mit dir tragen und ihn immer dann benutzen, wenn du das Gefühl hast, dass du zusätzlichen Halt und Erdung brauchst. Du kannst ihn auch bei dir haben, wenn du dich der Schattenarbeit widmest. Und auch im Alltag kannst du ihn immer dann verwenden, wenn du Probleme hast.

Dein Talisman verkörpert nicht nur den sicheren Ort in deinem Geist, sondern auch die Zeit, die du dir heute genommen hast, um ganz bei dir zu sein und dich umsorgt zu fühlen. Dieses Geschenk hast du dir gerade selbst gemacht.

Du kannst diese Übung jederzeit mit einem weiteren Talisman wiederholen, den du als Erdungsinstrument für dich nutzen möchtest.

DER TRESOR

»Der Tresor« ist eine Erdungsübung, die hilfreich ist, wenn du dich gerade mit etwas Schwierigem auseinandersetzen musst. Bei der Schattenarbeit geht es oft darum, sich schwierigen Gefühlen und Gedanken zu stellen. Sich den mentalen Raum und die Zeit zu nehmen, um diese Bedenken aufzuarbeiten, ist zwar dafür notwendig, aber oft leichter gesagt als getan. Du hast vielleicht nicht immer die Möglichkeit, deine Bedenken gerade in diesem Moment zu bewältigen. Die »Tresor«-Übung ist eine hilfreiche Strategie für solche Momente.

»Der Tresor« ist eine Übung, bei der du dir vorstellst, wie du schwierige Emotionen unter Verschluss bringst oder wegschließt. Es ist eine aktive Entscheidung, diese Emotionen »wegzulegen«, bis du besser gerüstet bist, um mit der Herausforderung, die sie mit sich bringen, gut umgehen zu können. Da Schatten oft dadurch entstehen, dass bewusste Anteile deines Selbst verdrängt werden, birgt die Nutzung des Tresors das Risiko, dass sich die Verdrängung nur allzu bequem und vertraut anfühlt. Der

Unterschied besteht jedoch darin, dass der Tresor etwas sowohl Bewusstes als auch Vorübergehendes ist. Wenn du dich also für den Tresor als Erdungsinstrument entscheidest, solltest du auch bewusst Raum dafür schaffen, um das, was du hier zwischengelagert hast, später wieder aufzusuchen. Andernfalls wird es in einem Teil deines Schattenselbst verbleiben, den du ja eigentlich aktiv zu integrieren und aufzudecken versuchst. Widerstehe der Verlockung, etwas auf unbestimmte Zeit im Tresor wegzuschließen. Du kannst dies verhindern, indem du den betreffenden Gedanken später wieder aufgreifst.

Wenn du dich überfordert oder gestresst fühlst, blendest du innerlich vielleicht etwas aus, um in deinem Alltag zu funktionieren. Für die Schattenarbeit kann das bedeuten, dass du überwältigende traumatische Erlebnisse aus deiner Vergangenheit aufgedeckt hast, du sie aber erst einmal für eine Weile (oder bis zu deinem nächsten Therapietermin) beiseiteschieben musst. Denn bei der Schattenarbeit stößt du oftmals auf Schattenmaterial, musst aber sofort wieder zur Arbeit gehen oder dich auf andere Art und Weise deinem Alltag stellen und der Welt zeigen. Es ist unrealistisch vorzuschlagen, dass du mit allem aufhören sollst, was du gerade tust, um dich ausschließlich um die Schattenarbeit zu kümmern. Was du jedoch tun kannst, ist, dir Werkzeuge bereitzulegen, die dir dabei helfen, zu einem geerdeten Ort zu gelangen und deine Gefühle zu steuern.

Schritte zur Umsetzung

1. **Stelle sicher, dass du dich an einem ruhigen Ort befindest, an dem du dich für die nächsten Minuten konzentrieren kannst.** Bei dieser Übung ist es wichtig, dass du deine Vorstellungskraft aktivieren kannst. Das ist nicht möglich, wenn du abgelenkt wirst.

2. **Nimm dir nun einen Moment Zeit, um den beunruhigenden Gedanken, das Gefühl oder das Bild zu identifizieren, das gerade bei dir aufgetaucht ist.** Das kann auch etwas Unbestimmtes sein, zum Beispiel eine Interaktion mit einer Person. Stell dir diesen beunruhigenden Gedanken oder dieses Gefühl als physischen Gegenstand vor, als etwas, das du in deinen Händen halten kannst, direkt vor dir. Du kannst es dir zunächst als eine Form vorstellen, etwa einen Kreis oder ein Quadrat – vielleicht ist es eine Schachtel, die die Gedanken und Gefühle enthält, mit denen du Probleme hast.
3. **Jetzt stell dir vor, dass dieses Objekt auch eine Farbe und eine Textur hat.** Beides sollte die Schwierigkeit widerspiegeln, die dieses Objekt symbolisieren soll. Du könntest dir zum Beispiel vorstellen, dass die Wut eine leuchtend rote Schachtel ist, die mit Unebenheiten oder Stacheln übersät ist, sodass es unangenehm ist, sie zu halten. Denke auch an das Gewicht des Gegenstandes, ganz so, als ob du ihn tragen würdest. Nimm dir einen Moment Zeit, um dich in deine Fantasie hineinzuversetzen und eine lebendige Vorstellung von diesem lästigen Gegenstand zu entwickeln.
4. **Als Nächstes stellst du dir vor, dass du diesen Gegenstand in eine Bank trägst.** Diese Bank ist alt und erinnert an eine längst vergangene Zeit, in der sie gegründet wurde. Sie hat hohe Säulen und Marmorböden, die den Zahn der Zeit überdauert haben. Sie ist imposant.
5. **Du bewegst dich an den anderen Kunden und Kassierern der Bank vorbei und gehst zu einem Hochsicherheitsbereich.** Dort wirst du vom Sicherheitspersonal erkannt und darfst in das Untergeschoss hinuntergehen. Unten angekommen, betrittst du einen Flur und siehst in der Ferne den großen Tresorraum der Bank. Der Tresorraum ist mit einem großen Radtürschloss abgesperrt, wie du es aus Filmen kennst. Die Tür ist aus Stahl

und viel größer als du selbst. Der Gegenstand, den du bei dir trägst, wirkt im Vergleich dazu fast winzig.

6. **Du gehst langsam darauf zu, leicht belastet von dem Gegenstand, den du trägst.** Du nutzt die Kraft deiner Arme, um das große Radschloss zu drehen. Vielleicht musst du deinen Gegenstand sogar vorübergehend neben dir auf den Boden stellen, um das zu schaffen. Das Gewicht der Tür ist fast zu viel für eine Person, aber du schaffst es irgendwie. Die Tür öffnet sich und gibt den Blick frei auf einen weitläufigen Raum mit zahlreichen Schränken und Regalen. In jedem Regal stehen verschiedene Kisten und Gegenstände, einige davon sehen aus wie der Gegenstand, den du bei dir trägst. Sie sind alle sicher aufbewahrt.
7. **Du gehst zu einem der Regale und legst deinen Gegenstand dort ab.** Dein Körper spürt sofort die Erleichterung darüber, dass du deine Last ablegen konntest. Du drehst dich um und verlässt den Tresorraum vorsichtig, um die anderen Gegenstände um dich herum nicht zu stören. Nachdem du den Tresor verlassen hast, nimmst du die Anstrengung auf dich, die Tresortür zuzudrücken, und drehst das riesige Rad mit all deiner Kraft wieder zu, bis du ein Klicken hörst und die Riegel wieder in ihre Position zurückspringen. Die Tür des Tresors ist wieder verschlossen und sicher.
8. **Du verlässt den Sicherheitsbereich.** Du verlässt die Bank und kehrst in dein normales, alltägliches Leben zurück.

Der Gegenstand, das Symbol für deine Schwierigkeiten, ist jetzt sicher im Tresorraum untergebracht. Wenn du denkst, dass du die Fähigkeit und die Kapazitäten hast, dich effektiv darum zu kümmern, stell dir vor, wie du zurück in die Bank gehst, dich zum Tresorraum begibst, die Tür öffnest und deinen Gegenstand aus dem Regal nimmst.

SCHAFFE DIR EINEN HEILIGEN RAUM

Wir alle brauchen ein Gefühl der Sicherheit. Wenn du damit beginnst, dein Schattenselbst zu erforschen, begibst du dich jedoch absichtlich in die Dunkelheit, in der Hoffnung, dass du mit einem besseren Gefühl zurückkommst. Es ist nicht leicht, die Reise in die dunklen Winkel deines Geistes anzutreten. Gefühle wie Trauer, Traurigkeit, Schuld und Scham kommen hoch, wenn du dich mit frischen, neugierigen Augen betrachtest. Das kann dazu führen, dass du dich unverbunden und ein bisschen unsicher fühlst.

Dies ist eine Einladung, dir eine Umgebung oder einen Raum vorzustellen, in dem du dich sicher und geborgen fühlst. Dieser Raum wird ein Zufluchtsort sein, an den du zurückkehren kannst, wann immer du eine Pause davon brauchst, deine Schattenanteile zu ergründen. Beantworte die folgenden Fragen entweder im anschließenden leeren Feld (Seite 32) oder auf einem separaten Blatt Papier, um die Vision deines heiligen Raums zu entwerfen.

- **Wie sieht dein Raum in baulicher und struktureller Hinsicht aus?** Ist es ein einfacher Raum in einem größeren Gebäude? Oder ein tropischer Ort im Freien? Dein Raum könnte auch ein Ort sein, den es in deinem Alltag nicht gibt. Es könnte ein heiliger Ort sein, den du dir vorstellst oder den du in einem Film oder einer Fernsehserie gesehen hast. Welche Umgebung fühlt sich für dich sicher, geborgen und behaglich an?
- **Was gehört zu diesem Raum?** Gibt es Gegenstände, die sich vertraut anfühlen, oder ist alles neu? Vielleicht ist dein heiliger Raum ein Zimmer mit einem Altar oder persönlichen Gegenständen, die dir wichtig sind. Vielleicht gibt es auch Pflanzen oder bequeme Möbel, auf denen du dich ausruhen kannst. Was siehst du in dem Raum?

- **Welche Gedanken oder Gefühle tauchen auf, wenn du dir vorstellst, dass du in diesem Raum bist?** Und bemerkst du irgendwelche Veränderungen in deinem Körper, wenn du ihn dir jetzt vorstellst?
- **Ist in diesem Raum noch jemand bei dir, der dir hilft, dich sicher zu fühlen?** Das kann eine Person (oder mehrere Personen) sein oder es können auch Haustiere oder andere Tiere sein.

Nun, da du diesen heiligen Ort geschaffen hast, erlaube dir, ihn immer dann aufzusuchen, wenn du das Gefühl hast, dass du etwas zusätzliche Erdung brauchst. Vielleicht möchtest du diesen Ort sogar mit einer Zeichnung oder einer Collage festhalten, die dir hilft, dich wieder mit dem Gefühl der Sicherheit zu verbinden, das dieser Ort für dich bereithält.

DENKE ÜBER PERSÖNLICHE HELDEN NACH

Bei der Schattenarbeit reist du tief in dein Inneres und isolierst dich dabei auf gewisse Weise von deiner Umgebung. Auch wenn es Menschen gibt, die dich auf deiner Selbstfindungsreise unterstützen, können sie deine Gefühle und Gedanken nicht vollständig verstehen. Das soll nicht heißen, dass du dir keine Unterstützung suchen sollst – ganz im Gegenteil. Wir alle brauchen soziale und manchmal auch professionelle Unterstützung, um unser Schattenselbst zu integrieren. Die meiste Zeit, in der du deine Schattenanteile erforschst, bist du jedoch allein.

Lass dich auf deinem Weg ruhig inspirieren und schaffe so eine Brücke zwischen der Unterstützung, die du im echten Leben von deinen Mitmenschen erhältst, und deinen eigenen Bedürfnissen bei der Schattenarbeit. Dazu kannst du dir Menschen vorstellen und sie in dein Unterstützungsteam holen. Stell dir deine persönlichen Helden als Menschen vor, die du im Geiste anrufst, wenn du ein bisschen zusätzliche Unterstützung oder Inspiration brauchst.

Deine persönlichen Helden können Menschen aus deinem eigenen Leben sein, die du als stark und widerstandsfähig empfindest. Vielleicht gibt es bestimmte Menschen, die du kennst und die in deinen Augen verkörpern, was es heißt, ein Fels in der Brandung zu sein. Ein persönlicher Held oder eine Heldin kann eine Therapeutin, ein Geistlicher oder eine Beraterin sein – Menschen, auf die du dich stützen kannst. Es kann sich dabei auch um eine Künstlerin, einen Sportler oder eine fiktive Figur handeln, die Ausdauer und Stärke verkörpert. Es können echte Menschen, Zeichentrickfiguren und sogar Superhelden sein.

Nimm dir ein paar Minuten Zeit, um darüber nachzudenken, welche Menschen oder Figuren dich auf deinem Weg der Selbstentwicklung unterstützen können, und schreibe ihre Namen in das folgende Feld. Schreibe zu jedem Helden, den du aufzählst, ein paar Adjektive auf, die beschreiben, inwiefern du diese Person als eine Bereicherung für dein Unterstützungsteam siehst.

TEIL 2

SCHATTENARBEIT IN DER PRAXIS

Im ersten Teil des Buches hast du einige praktische Strategien kennengelernt, die dir dabei helfen, dich zu erden, wenn du mit der Schattenarbeit beginnst. Diese Strategien kannst du gerne zur Vorbereitung anwenden und/oder nachdem du eine der folgenden Übungen durchgeführt hast. Du kannst sie aber auch zu jedem anderen Zeitpunkt deines Tages nutzen, wenn du das Bedürfnis nach ein bisschen mehr Kontrolle oder nach etwas Erdung hast.

In diesem Teil findest du nun verschiedene Impulse zu unterschiedlichen Bereichen der Schattenarbeit, die dir helfen, mit deinem Schattenselbst in Kontakt zu treten, Selbstfürsorge zu praktizieren und Schritte in Richtung Heilung zu gehen. Jeder Eintrag beginnt damit, ein Thema der Schattenarbeit zu erkunden. Du wirst unter anderem Themen finden, die mit Beziehungen, dem Erforschen von Sicherheit und dem Kontakt mit deinem inneren Kind zu tun haben. Zu jedem Eintrag findest du ein paar Reflexionsfragen. Diese sollen dich dazu anregen, tiefer über dein eigenes Schattenmaterial nachzudenken. Im Anschluss daran warten einige Affirmationen auf dich, die dir dabei helfen, dich mit Selbstmitgefühl zu erden.

Wie bereits erwähnt, kann die Schattenarbeit schwierig sein, deshalb ist es nicht nötig, dieses Workbook schnell durchzuarbeiten – mach es gerne in deinem eigenen Tempo. Vielleicht möchtest du alle Einträge der Reihe nach durchgehen, oder du entscheidest dich für einen weniger linearen Ansatz und springst zuerst zu den Abschnitten, die relevantere Themen in deinem Leben ansprechen. Das ist völlig in Ordnung! Es gibt keinen richtigen oder falschen Weg, deine Schatten zu erforschen. Du nimmst dir Zeit, dich um dich selbst zu kümmern und zu mehr Einsicht und Selbsterkenntnis zu gelangen – und genau das ist das Wichtigste. Nimm dir also all die Zeit, die du brauchst, und nutze die Übungen dazu, um dir den nötigen Raum zum Nachdenken zu schaffen. Die Erdungsübungen kannst du wie gesagt jederzeit und sooft du möchtest wiederholen.

NIMM KONTAKT MIT DEINEM INNEREN DIALOG AUF

Wir alle haben eine innere Stimme. Bei manchen offenbart sie sich in Form von Gedanken, die leicht zu erkennen sind; bei anderen tritt sie als Gefühl oder als körperliche Empfindung auf. Manche Menschen erleben ihren inneren Dialog als Intuition oder Bauchgefühl, während es anderen schwerfällt, sich überhaupt mit einem dieser Beispiele zu identifizieren.

Wir sind alle einzigartig und erleben unsere inneren Dialoge auf unterschiedliche Weise. Es ist wichtig, mit diesem Teil von dir in Verbindung zu sein, denn er liefert oftmals eine Fülle von Informationen über deine tieferen Gedanken, Gefühle und Motivationen, die deine Sichtweise auf deine Erfahrungen und deine Reaktion darauf bestimmen.

Möglicherweise gehst du durch deinen Alltag, ohne dir viele Gedanken über deinen inneren Dialog zu machen. Dieser innere Dialog treibt dich zwar an (ähnlich wie der Treibstoff bei einem Auto), aber du bist dir seiner Qualität oft nicht bewusst, wenn du dir keine Zeit zum Innehalten und Nachdenken nimmst.

Wie oft hast du schon mitten in einer Handlung innegehalten und dich gefragt: »Was kommt jetzt in diesem Moment in mir zum Vorschein? Wie fühlt sich das eigentlich für mich an?« Wahrscheinlich hast du das bisher nicht allzu oft gemacht. Selbst diejenigen von uns, die sich sehr bemühen, präsent zu sein, machen so etwas zu selten. Obwohl diese Art von Präsenz in gewisser Weise eine wunderbare Art ist, mit der Welt in Kontakt zu treten, ist es unpraktisch, sich das als ständiges Ziel vorzustellen. Du erlebst täglich zu viel, um bei all dem präsent zu bleiben. Dein Nervensystem braucht eine Auszeit, um sich zu sammeln und zu verstehen, wie du dich mit deiner Umwelt auseinandersetzt.

Wenn du dir Zeit nimmst, um eine tiefere Verbindung zu deinem inneren Dialog herzustellen, kannst du beeindruckende Ergebnisse erzielen. Indem du lernst, dich öfter auf dein Inneres einzustellen, bekommst du einen tieferen Einblick, wie du die Welt um dich herum wahrnimmst und erkennst, welche tieferen Anteile in dir vielleicht um Aufmerksamkeit bitten. Nimm dir die Zeit, auf diese Weise innezuhalten, denn so schaffst du einen Raum, in dem sich deine Schatten offenbaren, und du kannst bewusster entscheiden, wie du für dich sorgen kannst. Diese Einsicht verrät dir auch, was deine innere Welt braucht, um sich heil und respektiert zu fühlen.

Diese Übung soll dir dabei helfen, die Verbindung mit deinem inneren Dialog herzustellen oder aufrechtzuerhalten, wenn du angesichts deiner täglichen Verpflichtungen Schwierigkeiten damit hast. Nimm dir einen Moment Zeit, um auf das zu hören, was deine innere Stimme dir vielleicht sagen möchte. Achte auf Themen, Geschichten oder Muster, die häufig auftauchen. Die Themen, die hochkommen, weisen oft auf Schattenmaterial hin, das um Aufmerksamkeit und Auflösung bittet. Wenn du diesen Abschnitt als besonders herausfordernd empfindest, kann es hilfreich sein, eine der Erdungsübungen aus dem ersten Teil dieses Buches zu wiederholen.

REFLEXIONSFRAGEN

Wenn du an deinen inneren Dialog denkst, welche Themen tauchen häufig auf? Gibt es eine allgemeine Stimmung oder Energie, die mit deinen inneren Gesprächen einhergeht? Welche Gefühle rufen diese Gedanken oft in dir hervor?

Erinnert dich dein innerer Dialog an jemanden, dem du in der Vergangenheit begegnet bist oder immer noch begegnest (zum Beispiel an einen Liebespartner oder eine Liebespartnerin, ein Elternteil, eine Betreuungsperson oder eine andere Autoritätsperson)?

Gibt es etwas, das du gerne an deinem inneren Dialog ändern würdest? Auf welche Ressourcen kannst du zurückgreifen, die dir bei dieser Veränderung weiterhelfen können?

AFFIRMATIONEN

Ich kann lernen, meinen inneren Dialog zu beobachten, um mehr Klarheit über meine Gedanken und Gefühle zu gewinnen.

Ein negativer innerer Dialog bedeutet nicht, dass ich ein negativer oder schlechter Mensch bin.

Ich kann und werde daran arbeiten, meine innere Stimme in eine mitfühlendere Perspektive zu lenken.

Ich habe es verdient, mich mit meinen Gedanken wohlzufühlen und in Frieden mit ihnen zu sein.

HINTERFRAGE DEINE PERSÖNLICHEN GESCHICHTEN

Eine typische menschliche Eigenschaft ist die der Selbsttäuschung. Wir alle haben unsere Geschichten, die wir uns selbst gerne erzählen. Da wir einen großen Teil unserer Zeit in unseren eigenen Gedanken leben, konstruieren wir Realitäten, die darauf basieren, wie wir die Welt um uns herum wahrnehmen. Das sind unsere persönlichen Geschichten.

Manchmal sind diese Geschichten dramatisch und grandios. Manchmal spiegeln sie deine Tendenz wider, deine eigenen Erfahrungen zu verharmlosen und zu entkräften. Du siehst dich vielleicht als Hauptfigur in einer komplizierten Geschichte oder als den oft ignorierten Nebendarsteller, der nie zu seinem Recht kommt. Intuitiv erschaffst du Geschichten, um deinen Erfahrungen und Interaktionen mit anderen einen Sinn zu geben.

Du bist das Zentrum deines eigenen Universums. Du kannst gar nicht anders, als die Welt durch den Filter deiner eigenen Geschichte und deiner Erfahrungen zu sehen. Wenn du dir jedoch die Zeit nimmst, dir bewusst zu machen, dass du diese Geschichten selbst konstruierst und dass einige Geschichten wahr sind und andere weniger wahr, kannst du tiefe Einblicke in die Art und Weise gewinnen, wie du dich selbst wahrnimmst.

Es ist nicht ungewöhnlich, dass wir eine nicht ganz zutreffende Meinung von uns selbst haben, sei sie positiv oder auch negativ. Das liegt vor allem daran, dass der Mensch zu voreingenommenen Denkweisen neigt – und das trifft auf uns alle zu. Wenn du ein übersteigertes Selbstwertgefühl hast, erzählst du dir vielleicht immer wieder Geschichten darüber, wie klug, gut oder attraktiv du bist. Wenn du mit einer negativen Selbsteinschätzung zu kämpfen hast, erzählst du dir vielleicht Geschichten darüber, wie wenig liebenswert oder seltsam du bist. Möglicherweise spielst du diese Rollen auch in deinem Alltag und trägst damit das nach außen, was tief in deinem Schattenselbst verborgen ist.

Du gestaltest deine Geschichten nicht nur, indem du auf deine eigene Selbstwahrnehmung hörst, sondern auch, indem du die Reaktionen und das Feedback von anderen verinnerlichst. Wenn dieses Schattenmaterial unkontrolliert bleibt, kannst du dein Leben mit Geschichten leben, die dich falsch darstellen. Und dann verpasst du es, so zu leben, wie du sein willst. Wenn dir zum Beispiel immer wieder gesagt wird, dass du nicht gut in Mathe bist, wirst du wahrscheinlich dir selbst und anderen diese Geschichte erzählen, wenn du vor eine mathematische Herausforderung gestellt wirst. Manchmal lässt du dich vielleicht dazu inspirieren, die Herausforderung anzunehmen, vor allem, wenn der potenzielle Gewinn hoch ist. Wenn der Nutzen jedoch nur gering ist, versuchst du es meist gar nicht erst. Denn du bist ja schließlich nicht gut in Mathe! Aber was würde passieren, wenn du eine andere Geschichte hören würdest? Was wäre, wenn man dir sagen würde, dass du gut in Mathe sein kannst? Wie könnte diese Geschichte die Selbstwahrnehmung deiner eigenen Fähigkeiten verändern? Welche neuen Karrierechancen könnten sich für dich mit dieser neuen Sichtweise eröffnen?

Vielleicht überlegst du nun, wie früh diese Geschichten in deinem Leben beginnen und wie grundlegend sie deine Lebenswirklichkeit prägen. Wir alle haben Geschichten über unser Geschlecht, unser Sexualleben oder unsere Kultur erzählt bekommen. Man hat uns Geschichten über unsere Rolle als Geschwisterkind erzählt und darüber, was es bedeutet, eine Partnerin oder ein Partner zu sein. Wir alle tragen eine Reihe von Geschichten in uns. Du wirst deine Schattenseite besser verstehen, wenn du diese ausgräbst und überprüfst. Passen die Geschichten, die du in dir trägst, zu dir? Und wie sieht es mit deinem Leben in der Zukunft aus?

REFLEXIONSFRAGEN

Denke an etwas, das du schon immer für wahr gehalten hast. Vielleicht ist es eine Botschaft über etwas, das bereits in diesem Eintrag erwähnt wurde (zum Beispiel das Geschlecht), vielleicht ist es etwas anderes. Nun stell dir diese »Wahrheit« weniger objektiv und vielmehr wie eine Geschichte oder ein Drehbuch vor. Wer hat dir diese Geschichte erzählt? Was könnte der Grund für ihre Sichtweise gewesen sein? Glaubst du, dass auch sie dieselbe Geschichte erzählt bekommen haben?

An welcher Geschichte von dir selbst hältst du fest (in deiner Selbstwahrnehmung)? Was ist, wenn deine Geschichte verzerrt ist? Wie könnte diese Möglichkeit dein Selbstbild verändern?

Bitte eine*n Freund*in oder einen geliebten Menschen, eine persönliche Eigenschaft zu nennen, die du ihrer Meinung nach hast, und zu erklären, was diese Eigenschaft für sie oder ihn bedeutet. Siehst du dich selbst auch so? Wie könnte sich diese Eigenschaft auf deine Entscheidungen und dein Verhalten in deinem täglichen Leben auswirken?

Welche negative oder schmerzhafte Geschichte erzählst du dir über dich?

AFFIRMATIONEN

Jeder Mensch erzählt sich Geschichten, um seinen Platz in der Welt besser zu verstehen. Ich arbeite daran, meine eigenen kennenzulernen.

Meine Geschichten sind davon geprägt, wie ich mich selbst sehe, und auch von den Botschaften, die ich von anderen verinnerlicht habe.

Ich gebe mir die Erlaubnis, alte Geschichten, die mir nicht mehr dienen, hinter mir zu lassen.

HÖRE AUF DEINE INTUITION

Auf die eigene Intuition zu hören, kann kompliziert sein. Obwohl viele Menschen wissen, was Intuition bedeutet, ist sie dennoch schwer greifbar – vor allem für Menschen, die sie verzweifelt suchen. Dieses sogenannte Bauchgefühl wird oft als die Lösung für alle Probleme des Lebens angepriesen, aber was passiert, wenn du Schwierigkeiten damit hast, deine tiefe Wahrheit herauszufinden?

Manche Menschen erleben ihre Intuition als ein tatsächliches Bauchgefühl. Vielleicht hast du es auch schon einmal so beschrieben oder es wurde dir so beschrieben. Möglicherweise hast du sogar bereits einmal ein echtes Gefühl im Bauch verspürt, als du vor einer schwierigen Entscheidung standest. Für manche Menschen ist das die Intuition. Intuition kann sich auch wie eine Welle von ruhigen oder beruhigenden Gefühlen anfühlen, die dich überschwemmen und dich sagen lassen: »Jetzt verstehe ich es.« Auch wenn das Gefühl, mit seiner Intuition in Kontakt zu sein, für jeden anders ist, so gilt doch für die meisten eines: Intuition fühlt sich wahr und leicht an. Die Intuition existiert ohne Urteil oder Kritik. Sie ist nur dazu da, dir zu helfen, die schwierigen Fragen zu beantworten. Intuition bringt Frieden und Klarheit, selbst wenn sie dir eine herausfordernde Wahrheit offenbart, der du dich stellen musst.

Der Schatten kann es schwierig machen, eine Beziehung zu deiner Intuition aufzubauen oder aufrechtzuerhalten. Eventuell musst du dich dazu erst durch frühere traumatische Erfahrungen, Bindungsprobleme, Selbstzerstörung oder eine kritische Stimme kämpfen. Das gilt umso mehr, wenn du viel Zeit damit verbracht hast, um dich von diesem tiefen Gefühl zu distanzieren. Vielleicht waren es diese früheren negativen Erfahrungen, die dich dazu gebracht haben, deine Intuition infrage zu stellen. Es bedeutet nicht, dass deine Intuition versagt hat, wenn in der Vergangenheit deine Bedürfnisse und Wünsche vielleicht auf gewaltvolle Weise übergangen wurden, insbesondere von einer Person, auf die du dich verlassen musstest. Ist dir dies widerfahren, so warst du in einer unmöglichen Lage. Du hattest wahrscheinlich keine andere Wahl, als dieser Person zu vertrauen oder ihren Wünschen nachzukommen. Das ist aber ein Ergebnis, das gewaltvoll herbeigeführt wurde, und nicht das Ergebnis einer fehlerhaften Intuition. Das Schöne ist jedoch, dass du mit etwas Übung und viel Mut deine Intuition entwickeln und ihr erlauben kannst, das Werkzeug zu sein, für das sie geschaffen wurde. Vielleicht musst du dazu erst einmal innerlich heilen, um dieses Vertrauen aufzubauen. Aber wenn du einmal deine Intuition entwickelt hast, kann sie eine leitende Kraft sein, wenn du dich in deinem Leben verloren fühlst. Nimm dir jetzt etwas Zeit, um darüber nachzudenken.

REFLEXIONSFRAGEN

Kannst du einen Moment in deinem Leben benennen, in dem du dich mit deiner Intuition verbunden gefühlt hast und in dem sie dich geführt hat? Wie hat sich das für dich angefühlt?

Was konkret hindert dich daran, die Verbindung mit deiner Intuition aufzubauen oder aufrechtzuerhalten?

Was, glaubst du, wird dir helfen, die Verbindung zu deiner Intuition aufrechtzuerhalten? Was kannst du üben, um diese Beziehung weiterzuentwickeln?

AFFIRMATIONEN

Ich kann mich in meiner Intuition erden und sicher fühlen.

Ich kann lernen, wieder auf mich selbst zu hören, egal, was ich durchgemacht und erlebt habe.

Ich werde lernen, gut für mich zu sorgen, indem ich meine Beziehung zu meiner Intuition stärke.

ERFORSCHE DEINE VERSTECKTE WUT

Hattest du jemals Probleme damit, dir selbst zu erlauben, Wut zu empfinden? Vielen von uns fällt es schwer, sich mit Wut zu verbinden und sie auszudrücken. Die Energie der Wut kann sich besonders intensiv anfühlen, da sie mit einem Gefühl von Kraft und Macht einhergeht, das viele von uns mit Zerstörung gleichsetzen. Wut kann zerstörerisch sein, aber genau wie Feuer ist sie eine mächtige Energiequelle, wenn sie richtig eingesetzt wird. Durch die Schattenarbeit kannst du die Gründe für deine Wut und deine Beziehung zu ihr erforschen und daran arbeiten, sie auf gesunde Weise auszudrücken.

Obwohl Wut eine normale und gesunde menschliche Emotion ist, sind viele von uns in einem Umfeld aufgewachsen, das uns gesagt hat, dass Wut unangebracht ist. Man hat uns eingeredet, dass Wut zerstörerisch ist und um jeden Preis vermieden werden muss. Vielleicht hast du gelernt, dass Wut gefährlich oder beängstigend ist. Manchmal erhältst du diese Botschaft über deine eigene Wut direkt, wenn dir jemand sagt: »Du hast keinen Grund, so wütend zu sein!« Manchmal kommt diese Entwertung aber auch durch indirekte Botschaften, wenn du siehst, wie andere, zum Beispiel Eltern oder Familienmitglieder, ihre eigenen wütenden Gefühle herunterspielen.

Viele Kulturen betrachten Wut und den Ausdruck von Wut unterschiedlich. So wird in manchen Kulturen Wut eher durch leidenschaftliches Reden und Handeln zum Ausdruck gebracht, wohingegen in anderen Kulturen jeder äußere Ausdruck von Unmut verpönt ist. Die Kultur und die Gemeinschaften, in denen du aufgewachsen bist, prägen dein Verhältnis zur Wut. Außerdem wird die Art und Weise, wie du deine Wut ausdrückst, von der Zeit, in der du lebst, von deiner Familiendynamik und sogar von deiner Geschlechtsidentität beeinflusst – Männer haben zum Beispiel oft mehr Freiheiten, wütend zu sein und ihre Wut auszudrücken.

Wenn du feststellst, dass du schnell wütend wirst, gibt es vielleicht noch andere Übungen in diesem Buch, die dir helfen, tiefere Wahrheiten zu erschließen. Aber auch wenn du glaubst, dass du nicht viel Wut in dir hast, werden dir die folgenden Fragen helfen, mehr Einblick in deine persönliche Geschichte der Wut zu bekommen und Momente für mehr Reflexion zu schaffen.

Der Glaube, dass Wut eine gefährliche Emotion ist, trifft vor allem auf Menschen zu, die in schwierigen oder missbräuchlichen Familienverhältnissen aufgewachsen sind. In solchen Umgebungen ist es üblich, dass man ungesunde Ausdrucksformen von Wut wie Gewalt erlebt. Wut wird dann in der Folge untrennbar mit der Vorstellung verbunden, dass du keinen Zugang zu deiner Wut haben darfst, wenn du nicht selbst Gewalt anwenden willst. Das ist die perfekte Voraussetzung dafür, deine Wut in die Tiefen deines Schattens zu verbannen.

Wut ist eine vernünftige Emotion. Sie ist oft eine übergeordnete Emotion, was bedeutet, dass sie tiefen Schmerz verdeckt. Dies kann auch Traurigkeit und Scham mit sich bringen. Aber Wut ist gerechtfertigt. Wut ist eine menschliche Reaktion auf eine psychische Verletzung. Sie stellt die Energie dar, die du brauchst, um dich zu verteidigen und eine gerechte Lösung zu finden. Deshalb verdient die Wut, wie jede andere Emotion auch, einen Platz in deinem Leben. Ohne Wut kann es dir schwerfallen, dich zu schützen und dafür zu sorgen, dass deine Bedürfnisse erfüllt werden.

REFLEXIONSFRAGEN

Welche Erfahrungen hast du in Bezug auf Wut gemacht, vor allem in deinen frühen Lebensjahren?

Welche Botschaften hast du darüber erhalten, wie akzeptabel deine Wut ist? Was ist mit der Wut der Menschen in deiner unmittelbaren Umgebung? Und mit der Kultur und der Gesellschaft im Allgemeinen?

Wie reagierst du normalerweise, wenn du merkst, dass du wütend bist? Unterscheidet sich das von den Momenten, in denen du traurig oder verletzt bist?

AFFIRMATIONEN

Wut ist ein normales menschliches Gefühl. Meine Wut verdient Raum und Aufmerksamkeit.

Wenn ich Wut empfinde, ist das ein Zeichen dafür, dass eine persönliche Ungerechtigkeit geschehen ist.

Ich habe ein Recht darauf, Wut zu empfinden und Probleme anzusprechen, die mich ärgern.

Wut zu empfinden, ist nicht ungesund. Ich kann mich dafür entscheiden, mit meiner Wut auf eine gesunde, nicht missbräuchliche Weise umzugehen.

SORGE FÜR DICH SELBST

Selbstfürsorge ist in letzter Zeit zu einem Modewort geworden, aber wie sieht sie eigentlich aus? Um freundlich zu dir selbst zu sein, musst du zuallererst daran glauben, dass du Zuwendung verdienst. Manchmal hast du nämlich vielleicht das Gefühl, dass du diese Freundlichkeit nicht verdienst, und das hindert dich daran, auf mitfühlende Weise mit dir selbst umzugehen. Du denkst vielleicht, dass Selbstfürsorge nicht zum täglichen Leben gehört, sondern dass sie etwas ist, das man sich ab und zu gönnen kann. Dann fällt es dir umso schwerer, selbstabwertende Gedanken und Muster zu überwinden, die in deinem Schattenselbst existieren.

Es ist schwierig, Zugang zu den selbstkritischen, tief vergrabenen Gedanken zu finden, wenn du nicht mit ihnen verbunden bist. Wenn dein bewusstes Selbst dann versucht, oberflächliche Selbstfürsorge zu betreiben, stößt du auf kritische Selbstzweifel, die unüberwindbar scheinen. Die trendigen Selbstfürsorgepraktiken, die anderen zu helfen scheinen, greifen bei dir zu kurz, und du bist dadurch womöglich entmutigt. Du beginnst zu glauben, dass sie bei dir gar nicht funktionieren können. Du personalisierst dieses Scheitern, indem du dir ein Schattenskript darüber zurechtlegst, wie fehlerhaft du bist, und dir einredest, dass du keine Fürsorge verdienst. Du fängst an zu glauben, dass du dir nicht einmal selbst helfen kannst. Du glaubst vielleicht sogar, dass dir nicht zu helfen ist. Der Druck, auf eine Weise für dich zu sorgen, die die Gesellschaft für akzeptabel hält, führt dazu, dass du dich noch kaputter und verwirrter fühlst als zuvor.

Wenn das auf dich zutrifft, dann betrachte diesen Abschnitt als mentales Experiment und als Erkundung. Selbst wenn du in diesem Moment glaubst, dass du keine Selbstfürsorge verdienst, versuche, diesen Glauben in den Hintergrund zu stellen, während du diesen Punkt bearbeitest, und schau, wie es sich anfühlt. Vertraue darauf, dass die Arbeit mit diesem Buch für sich schon Selbstfürsorge ist.

Den Glauben, dass du der Selbstfürsorge nicht würdig bist, haben viele von uns. Irgendwann einmal (und bei manchen Menschen sehr oft) in unserem Leben haben wir gelernt, dass Selbstfürsorge egoistisch und narzisstisch ist. Wenn du in einem kalten Umfeld aufgewachsen bist, das dich emotional klein gehalten oder missbraucht hat, kann es besonders schwer sein, dieses Glaubenssystem zu hinterfragen. Diese Überzeugungen sind jedoch völlig falsch. Im Kern ist Selbstfürsorge ein biologischer Imperativ; sie ist Selbsterhaltung in Aktion. Sie geht weit über die Dinge hinaus, die wir als stereotype Selbstfürsorge ansehen. Sie ist nicht oberflächlich; Selbstfürsorge ist nicht etwas, das man im Laden kaufen kann. Selbstfürsorge ist zutiefst nährend und ein Akt unglaublicher Liebe.

Da die Gesellschaft in Bezug auf psychische Gesundheit und Selbstfürsorge immer offener redet, hast du vielleicht auch schon erlebt, dass sich jemand gegen Selbstfürsorge ausspricht. Oft werden die Befürworter der Selbstfürsorge als zu weich oder zu bedürftig abgestempelt. Ist die Kritik an der »Selbstfürsorgerevolution« berechtigt? Oder könnte es vielmehr sein, dass die Ablehnung mit dem kollektiven Schattenmaterial zusammenhängt, das unsere Gesellschaft darüber hat, dass wir unser Selbstmitgefühl nicht verdienen?

Diese zynische Denkweise ignoriert nämlich völlig die Tatsache, dass wir alle tiefe psychologische Bedürfnisse haben. Bei der Selbstfürsorge geht es nicht nur um Schaumbäder und Affirmationen. Selbstfürsorge ist dein Bestreben, deine unerfüllten Bedürfnisse zu befriedigen. Selbstfürsorge hilft dir, deine Psyche und deine Seele zu pflegen. Selbstfürsorge hilft dir, dich in einem komplexen Leben mit komplexen Aufgaben über Wasser zu halten.

REFLEXIONSFRAGEN

Wie sieht Selbstfürsorge normalerweise für dich aus? Welche Praktiken helfen dir, dich umsorgt zu fühlen?

Was fällt dir bei der Selbstfürsorge oder Entspannung am schwersten?

Welche Anzeichen oder Gefühle kannst du bei dir beobachten, die dir das Bedürfnis nach Selbstfürsorge signalisieren?

Was steht dir bei der Selbstfürsorge normalerweise im Weg?

AFFIRMATIONEN

Selbstfürsorge ist notwendig.

Ich habe es verdient, für mich selbst zu sorgen und mich zu entspannen.

Bei der Selbstfürsorge geht es nicht nur darum, das zu tun, was sich gut anfühlt, sondern auch darum, was notwendig ist.

Selbstfürsorge ist ein bewusster Akt.

VERLERNE ALTE SKRIPTE

Welchen Ballast trägst du mit dir herum, der sich langsam zu schwer anfühlt?

Der Schatten wird oft so beschrieben, dass er sich sehr schwer anfühlt. Manchmal ist dieses Gewicht darauf zurückzuführen, dass die Dinge, die hochkommen, negativ und schwer sind. Wenn du an dieser Last festhältst, kann sie dich daran hindern, in deinem Leben voranzukommen. In anderen Fällen ist diese Last nicht per se negativ, sondern zeigt nur, wie groß und allgegenwärtig Schatteninhalte sein können. Ihre Tentakel reichen weit und tief in deine Psyche hinein. Es kann manchmal sogar überraschend sein, zu erkennen, wie sehr dich etwas beeinflusst, auch wenn es nicht nur gut oder nur schlecht ist.

Die Art und Weise, wie du die Welt siehst, ist vielschichtig und kompliziert. Deine Sichtweise ist auch von Schattenmaterial geprägt, das wir oft nicht erkennen. Deine Weltanschauung wird durch die Lektionen geformt, die du schon sehr früh in deinem Leben gelernt hast. Die goldene Regel »Behandle andere so, wie du selbst behandelt werden möchtest« ist ein gutes Beispiel für eine solche Lektion. Je älter du wirst, desto differenzierter und komplexer werden die Botschaften. Für die meisten von uns sind sie nicht mehr so schwarz-weiß. Deine Sichtweise wird viel trüber.

Die Lektionen, die du in den ersten Jahren deines Lebens lernst, sind meist einfach. Sie konzentrieren sich auf die richtigen Handlungen oder das richtige Verhalten, das du an den Tag legen solltest, um ein guter, freundlicher Bürger dieser Welt zu sein. Doch wenn du älter wirst, können diese Botschaften ein wenig getrübt werden, da du lernst, mit mehreren Wahrheiten gleichzeitig umzugehen. Du kannst dich zum Beispiel dafür entscheiden, andere so zu behandeln, wie du behandelt werden möchtest.

Aber was ist, wenn sie dich nicht mit der gleichen Rücksicht behandeln? Wie sollst du dich dann verhalten? Bringt dich das dazu, deine anfänglichen Überlegungen und Entscheidungen zu überdenken?

Du trägst Geschichten mit dir herum, die sich ändern, je mehr du in deinem Leben erlebst. Im besten Fall können diese Geschichten inklusiver und mitfühlender werden, aber niemand ist perfekt. Daher werden einige dieser Geschichten mehr und mehr von Schattenmaterial beeinflusst, während du dich um andere, bewusstere Dinge kümmerst.

Egal, ob es sich um einen einfachen Wert wie die goldene Regel oder um ein anderes persönliches Ethos handelt – wenn du dir Zeit nimmst, deine inneren Muster zu erforschen, kannst du mehr darüber erfahren, welche Gedankensysteme überarbeitet werden sollten. Wenn du tiefer gehst, kannst du herausfinden, wie der Schmerz dich dazu gebracht hat, eine andere Abzweigung zu nehmen, als du vielleicht beabsichtigt hast. Du kannst dich jetzt mit den Anteilen verbinden, die Heilung brauchen, und du kannst einige Gedankenfallen identifizieren, die du auf deinem weiteren Weg loswerden, quasi wieder verlernen musst.

REFLEXIONSFRAGEN

Gibt es Themen oder Muster in deinem Leben, die du deiner Meinung nach mehr erkunden solltest? Benenne sie.

Welche Geschichten hast du über diese Themen in deinem Kopf? Welche Rolle spielst du bei der Aufrechterhaltung dieser Geschichten? (Bist du zum Beispiel aktiv oder passiv an ihrer Aufrechterhaltung beteiligt?) Welche Rolle spielen die anderen in deinem Umfeld?

Gibt es Teile in diesen Geschichten, die wahr sind und an denen du festhalten möchtest? Welche Teile musst du verlernen oder überarbeiten, um eine bessere Zukunft zu ermöglichen?

AFFIRMATIONEN

Ich verdiene Leichtigkeit und muss mich nicht immer von meinen Gedanken belasten lassen.

Selbstbeobachtung ist ein Werkzeug, mit dem ich mehr über mich und die Geschichten, die ich wiederhole, lernen kann.

In den Mustern meines Lebens stecken einige Vorstellungen, die ich überdenken und überarbeiten darf.

Ich bin in der Lage, zu verlernen und neu zu beginnen.

VERBINDE DICH MIT VERBORGENEN GABEN

Viele Menschen denken, dass das Schattenselbst vor allem aus den verborgenen, dunklen und beängstigenden Dingen unseres Lebens besteht. Der Schatten ist zwar tatsächlich der Aufbewahrungsort für diese Art von Dingen, aber er enthält auch persönliche Gaben und Talente, die in deinem Gedächtnis verblasst sind.

Du wurdest mit einzigartigen Talenten und Begabungen geboren. Oft zeigen sich diese Gaben als natürliches Interesse, das mit der Zeit weiterwächst – sofern du unterstützt und ermutigst wirst. Auch bei »natürlichen« Talenten brauchst du Ressourcen, um diese Gaben zu kultivieren. Leider hat nicht jeder das Glück, einen geliebten Menschen zu haben, der die Entwicklung dieser Eigenschaften, Talente oder persönlichen Gaben fördert.

Manchmal werden diese Begabungen gering geschätzt; das kann hart und sogar manipulativ sein. Du kannst dafür getadelt werden, dass du dich für Bereiche interessierst oder in Dingen begabt bist, die Eltern oder pädagogische Fachkräfte nicht für erstrebenswert halten. Diese Dynamik ist häufig zu beobachten, wenn ein Kind kreative Berufe anstrebt, aber dann von den Eltern entmutigt wird. Meistens ist diese Ablehnung nicht böswillig. Sie entspringt dem Wunsch, das Leben des Kindes zu optimieren und das Kind auf den Erfolg in der Welt vorzubereiten. Eltern, die entsprechend handeln, ist nicht bewusst, dass sie möglicherweise ihre eigenen Schattengeschichten über diese Art von Streben auf ihre Kinder projizieren. Dabei geht es oft um Sorgen um die finanzielle Sicherheit und leider manchmal auch um Missgunst und Neid. Die eigenen inneren Wunden der Eltern, die oft unbearbeitet sind, werden auf ihre begabten Kinder projiziert.

Durch negative Rückmeldungen und Herabsetzungen wurde die Gabe, das Talent oder das Interesse, das du einst hattest, tief in deinem Schattenselbst eingeschlossen. Diese einst schönen Seiten wurden zu einer fernen Erinnerung an eine jüngere Version von dir, zu der du als erwachsene Person nur schwer eine tiefe Verbindung aufbauen und aufrechterhalten kannst.

Du kannst jedoch daran arbeiten, dich mit diesen in deinem Schattenselbst verborgenen Gaben zu verbinden. Dafür musst du nicht zu den Dingen zurückkehren, wie sie früher einmal waren. Du kannst dich mit deinen Gaben verbinden und dann bewusst entscheiden, ob du diese Verbindung (in neuer Form) wieder aufbauen willst oder diese Talente nicht mehr in der gleichen Weise brauchst. Menschen wachsen und verändern sich, und das gilt auch für ihre Interessen. Noch einmal: Du kannst dich dafür entscheiden, diese Gaben oder Talente auf eine Weise weiterzuführen, die am besten zu einer geheilten, erwachsenen Version von dir passt, oder du kannst sie zurücklassen. Das Wichtigste ist, dass du erkennst, dass du die Wahl hast, wie du mit deinen Gaben und Talenten weitermachen willst, ohne Angst oder Furcht vor Bestrafung haben zu müssen. Die Entscheidung, diese Talente zu kultivieren, liegt allein bei dir.

REFLEXIONSFRAGEN

Gibt es Begabungen, Interessen, Ziele oder Eigenschaften, die du hattest, als du jünger warst, und zu denen du im Laufe der Jahre den Kontakt verloren hast? Wie sehen sie aus?

Was, glaubst du, hat eine Distanz zwischen dir und diesen Gaben geschaffen?

Auf welche Weise könntest du dich wieder mit den Dingen verbinden, die du früher als inspirierend und freudig empfunden hast? Könnte es eine Version von dir mit diesen Dingen geben, die jetzt existiert, auch wenn sie nicht mehr ganz so aussieht wie früher?

AFFIRMATIONEN

Gaben und Talente sind persönliche Wahrheiten, die einen Platz in meinem Leben verdienen.

Wenn ich die Interessen aus meiner Kindheit wieder aufgreife, kann ich mich mit einem tieferen Teil meines Selbst verbinden.

Meine Begabungen und Talente müssen nicht von anderen bestätigt werden, um wertvoll oder erstrebenswert zu sein.

Ich kann diesen Gaben in meinem Leben jetzt Raum geben und mich weiterentwickeln.

ERFORSCHE DEINE HERKUNFTSFAMILIE

Woher du kommst – dein Erbe – hat einen großen Einfluss auf den Menschen, der du als erwachsene Person wirst. Das ist wahrscheinlich keine neue Erkenntnis für dich, vor allem, wenn du dich bereits mit dir selbst beschäftigt hast, um dich und deine Werte besser zu verstehen und herauszufinden, woher deine Ansichten kommen.

Mit Herkunftsfamilie ist die Familie gemeint, in der du geboren und/oder aufgewachsen bist. Viele Menschen haben eine einzige konkrete Herkunftsfamilie. Einige Personen in dieser Familie können sich im Laufe der Zeit verändern, wenn sich Beziehungen neu formen und Verwandte hinzukommen, weggehen oder sterben. Es ist jedoch auch nicht ungewöhnlich, dass Menschen mehr als eine Herkunftsfamilie haben, vor allem, wenn sich ihr Leben schon früh verändert hat, zum Beispiel durch den Tod der Eltern, eine Adoption oder Ähnliches.

Jede Familie funktioniert auf ihre eigene Weise; manche Familien sind stabil und funktionieren gut, andere nicht. In manchen Familien gibt es nur einen Elternteil und keine Geschwister, während in anderen ein Großelternteil als Hauptbezugsperson zusammen mit Geschwistern oder Halbgeschwistern lebt. Die Konstellationen sind einzigartig und dynamisch, aber das verbindende Element bist du, und vieles von dem, was du bist, beginnt mit der Umgebung, in der du aufgewachsen bist – im Guten wie im Schlechten.

Oft reden wir den Einfluss unserer Herkunftsfamilie klein. Die Weltanschauungen und Verhaltensweisen, die du als erwachsener Mensch an den Tag legst, sind aber von deinen Erfahrungen in deiner Herkunftsfamilie geprägt. Manchmal ist es schwer, diese vererbten Perspektiven zu erkennen; das gilt besonders für Menschen, die bereits erwachsen sind, wenn sie aus ihrem Elternhaus ausziehen. Obwohl jeder Mensch für sich selbst ein unglaublich einzigartiges Wesen ist, unterschätzen die meisten Menschen, wie sehr ihre frühen Lebenserfahrungen ihre heutigen Entscheidungen beeinflussen. Wenn du nicht tiefer gehst und die Themen und Muster in deiner Herkunftsfamilie verstehst, entgehen dir vielleicht einige wichtige Verbindungen zu deinen heutigen Handlungen und Entscheidungen. Diese Einflüsse können sich auf deine spezifischen Familienerfahrungen beziehen und Teil deines individuellen Bewusstseins sein; sie können sich aber auch im kollektiven Unbewussten und in der Abstammungslinie widerspiegeln.

Stell dir zum Beispiel vor, dass du oft Angst hast, ob du genug Geld hast. Du verbringst viel Zeit damit, darüber nachzudenken, wie du mehr Geld verdienen oder sparen kannst, weil du ständig glaubst, dass dir eine finanzielle Katastrophe droht. Aber wie kann diese Angst von deiner Herkunftsfamilie beeinflusst sein? Vielleicht hast du deine ersten Jahre in einem einkommensschwachen Haushalt verbracht und die Sorgen deiner Bezugspersonen darüber mitbekommen, bestimmte Rechnungen vielleicht nicht bezahlen zu können. Vielleicht hast du sogar regelmäßig erlebt, dass du nicht genug zu essen hattest oder der Strom abgestellt wurde. Umgekehrt bist du eventuell mit einem Elternteil aufgewachsen, der sehr viel Geld verdient hat. Vielleicht hast du seine Ängste, alles zu verlieren, verinnerlicht und dir geschworen, niemals in eine mittellose Lage zu geraten.

Ganz gleich, ob sich diese Gedanken um Geld oder einen anderen wichtigen Lebensbereich wie Ehe, Kinder oder Erfolge drehen, wir alle haben Schatteninhalte, die wir in unserem täglichen Leben nicht wahrnehmen. Wir tun einfach, was getan werden muss, ohne zu verstehen, worauf unsere täglichen Ängste und Befürchtungen beruhen. Hier kommt eine Gelegenheit, sie tiefer zu erforschen.

REFLEXIONSFRAGEN

Wenn du an deine Herkunftsfamilie denkst, also an die Menschen, mit denen du den größten Teil deiner prägenden Jahre verbracht hast, was sind die ersten Gefühle und Gedanken, die dir in den Sinn kommen? Gibt es irgendwelche Empfindungen, die du in deinem Körper wahrnimmst, wenn du anfängst, darüber nachzudenken? Schreibe ein paar Adjektive auf, die dir einfallen.

Denke an das Beispiel zu den Finanzen, das wir in diesem Abschnitt besprochen haben: Welche Gedanken und Gefühle tauchen auf, wenn du über deine eigenen Finanzen und den Umgang mit Geld nachdenkst? Wie könnten sich deine frühen Lebenserfahrungen auf deine heutigen Entscheidungen und Überzeugungen in Bezug auf Geld auswirken?

Denke an einen wichtigen Lebensbereich, auf den du dich in letzter Zeit verstärkt konzentriert hast (Beziehungen, Ausbildung, Arbeit und so weiter). Welche Werte oder Überzeugungen vertrittst du in diesem Bereich? Gab es diese Werte auch in deiner Familie? Sind deine anders? Inwiefern?

AFFIRMATIONEN

Meine Familie hat mir ein Fundament dafür geschaffen, die Welt zu verstehen.

Die Werte meiner Familie spiegeln sich in Vorstellungen, Themen und Mustern wider, die meinen Blick auf die Welt als erwachsene Person prägen.

Ich werde die Rolle untersuchen, die meine Familie in meiner Weltanschauung spielt, und mich bewusst dafür entscheiden, welche Muster und Themen ich beibehalten und welche ich loslassen oder anpassen möchte.

BEGEGNE DEINEM INNEREN KIND

Wenn du dich ein bisschen mit Schattenarbeit beschäftigt hast, bist du wahrscheinlich schon auf das Konzept der Arbeit mit dem inneren Kind gestoßen. Wenn nicht, dann wird dir dieser Abschnitt eine der grundlegenden Theorien vorstellen, um mit deinem Schattenselbst in Kontakt zu treten.

Die meisten Menschen denken, dass Schattenarbeit bedeutet, mit ihrem inneren Kind in Kontakt zu kommen oder mit den Teilen des eigenen Selbst, bei denen einige grundlegende emotionale Bedürfnisse nicht erfüllt wurden. Das ist durchaus Teil der Schattenarbeit, aber wie du im Laufe dieses Buches lernen wirst, geht es nicht nur darum, mit dem inneren Kind in Kontakt zu treten. Das würde all die anderen Erfahrungen verharmlosen, die wir in unserem Leben machen und die uns formen und verändern. Nichtsdestotrotz gibt es Möglichkeiten, um mit diesen jüngeren Teilen von dir zu interagieren, die so oft unerfüllte Bedürfnisse haben.

Das zentrale Konzept des inneren Kindes ist, dass du als erwachsener Mensch in deiner Psyche einen viel jüngeren Teil deines Selbst hast, der als inneres Kind dargestellt wird. Es repräsentiert den Teil von dir, der in deinen jungen Jahren mit der Welt interagiert hat. Es ist der Teil von dir, der von deinen Eltern und anderen primären Bezugspersonen abhängig war, sei es in Bezug auf Nahrung, Unterkunft, emotionale Bedürfnisse oder Schutz. Wenn du älter wirst, verlierst du natürlich den Kontakt zu diesen Teilen deines Selbst. Dabei spielt das Gedächtnis eine Rolle, denn wir Menschen neigen dazu, Momente, die wir als kleine Kinder erlebt haben, zu vergessen und sie durch andere wichtige Ereignisse zu ersetzen, die mit dem Heranwachsen und Reifen einhergehen. Infolgedessen verändert sich deine Selbstwahrnehmung natürlich.

Manchmal kann es jedoch vorkommen, dass du Restgefühle oder auch Denkmuster erlebst, die sich in den ersten Entwicklungsjahren gebildet und eingeprägt haben. Wenn bestimmte Bedürfnisse als Erwachsene nicht erfüllt oder nicht angesprochen werden, gibt es viel Raum, um sie zu rationalisieren und zu verarbeiten. Als junger Mensch mit einem sich noch in der Entwicklung befindenden Gehirn hattest du jedoch nicht die gleiche Fähigkeit, tiefgreifende Analysen durchzuführen und einen Sinn zu formulieren, warum dir Dinge widerfahren.

Schwierige Erfahrungen und traumatische Ereignisse, die in bestimmten Entwicklungsstadien auftreten, können den emotionalen Entwicklungsprozess unterbrechen. Daher ist es nicht ungewöhnlich, dass sich die Arbeit mit dem inneren Kind um das Gefühl dreht, in irgendeiner Weise festzustecken, oft im Zusammenhang mit den Themen Sicherheit, Vertrauen und Autoritätspersonen, um nur einige zu nennen. Dies ist natürlich keine vollständige Liste der Themen, die bei dir auftauchen könnten, wenn du versuchst, mit deinem inneren Kind in Kontakt zu treten.

Wenn du über die folgenden Fragen nachdenkst, nimm dir einen Moment Zeit und stelle dir vor, dass es eine jüngere Version von dir gibt, die tief in dir vergraben ist. Dieses Kind wird nicht so sehr durch rationales Denken angetrieben, sondern eher durch pure Gefühle. Wie du vielleicht weißt, können Kinder manchmal sehr auf eine Sache fixiert und fordernd sein. Sie können aber auch unglaublich süß und passiv sein. Fast immer sind Kinder viel verletzlicher und empfindsamer, als wir es als Erwachsene sind. Atme ein paarmal durch und versuche, dich auf diese Empfindsamkeit einzulassen, während du beginnst, die Bedürfnisse deines inneren Kindes zu erkunden.

REFLEXIONSFRAGEN

Wenn du mit deinem inneren Kind in Kontakt kommst – vor allem beim ersten Mal –, welche Gefühle und Gedanken kommen dann in dir hoch? Was ist dein erster Eindruck von dieser jüngeren Version von dir? Nimm dir einen Moment Zeit, um sie zu beschreiben.

Wenn du dich näher mit dieser jüngeren Version von dir beschäftigst, versuche, mit der Rolle von Spaß und Spiel in ihrem Leben in Kontakt zu kommen. Was waren die fröhlichsten Interessen dieses Kindes? Woran hatte es am meisten Spaß?

Was glaubst du: Welche Gefühle oder Gedanken schleppt dein inneres Kind heute noch mit sich herum?

AFFIRMATIONEN

Mein inneres Kind ist immer bei mir und verdient Zuwendung, Liebe und Bestätigung.

Wenn ich mir Zeit nehme, innezuhalten und mit meinem inneren Kind in Kontakt zu treten, kann ich mehr darüber erfahren, wie sich Freude anfühlt. Ich kann auch lernen, welche Schmerzen in mir schlummern.

Mein inneres Kind ist eine reiche Quelle für Schattenmaterial, und seine Gedanken und Gefühle sind ein Teil meines erwachsenen Selbst.

ERFORSCHE, WELCHE MENSCHEN DU ANZIEHST

Beziehungen nehmen viel Platz in deinem Leben ein. Egal, ob du Zeit damit verbringst, an ihnen zu arbeiten, dich um sie zu sorgen, oder ob du versuchst, sie zu vermeiden – es ist klar, dass Beziehungen ein wichtiger Teil deines Lebens sind. Und es ist nicht ungewöhnlich, dass sie auch voller Schattenmaterial sind.

Als Therapeut verbringe ich viel Zeit damit, mit Menschen über Beziehungen zu sprechen, und eine Frage, die oft auftaucht, lautet: »Warum ziehe ich immer wieder dieselben Menschen an?« Vielleicht hast du dir diese Frage auch schon in verschiedenen Phasen deines Lebens oder sogar jetzt gerade gestellt. Wahrscheinlich gibt es einen tieferen Grund dafür, dass du dich trotz deiner Bemühungen immer wieder von denselben Menschen umgeben siehst.

Dein Unterbewusstsein ist eine mächtige Kraft. Bewusst versuchst du vielleicht, eine bestimmte Art von Personen zu meiden, und doch findest du ebenjene Personen immer wieder in deinem Umfeld. Du fühlst dich festgefahren, bist verwirrt und weißt nicht, was du falsch gemacht hast. Es ist gar nicht so ungewöhnlich, deswegen in Selbstkritik und Schuldzuweisungen zu verfallen. Aber es ist produktiver, einen Schritt zurückzutreten und neugierig zu betrachten, was außerhalb deines Bewusstseins liegen könnte.

Ohne dass du es merkst, arbeitet dein Gehirn im Hintergrund, stellt tiefere Verbindungen her und schafft Abkürzungen, die dich effizienter arbeiten lassen. Es bündelt auch emotionales und psychologisches Material, um dir zu helfen, deinen Erfahrungen einen Sinn zu geben – aber nur, wenn du dich entschließt, die Daten zu entschlüsseln. Wenn es darum geht, Partner anzuziehen, findest du dich vielleicht immer wieder mit der gleichen Art von Menschen zusammen, weil es etwas an diesem Typus gibt, das deinem Gehirn, vielleicht sogar deinem Geist, vertraut vorkommt. Das kann dazu führen, dass du dich innerlich wohlfühlst, selbst wenn die Beziehung oberflächlich betrachtet schlecht erscheint. Vielleicht fühlst du dich weiterhin zu dieser Art von Menschen hingezogen, weil du noch eine Rechnung mit einer ähnlichen Person in deiner Vergangenheit offen hast. Dieser Personentypus ist ein Symbol für Schattenmaterial.

Wenn dieser Schatten die Dinge von dir repräsentiert, die du gerne vermeiden würdest oder die du nur schwer akzeptieren kannst, dann hast du wahrscheinlich versucht, dich von vergangenem Beziehungsschmerz zu distanzieren. So wie sich deine persönlichen Eigenarten in den Handlungen eines Gegenübers widerspiegeln, können auch die Menschen, die du anziehst oder denen du bereitwillig Aufmerksamkeit schenkst, unglaublich viel über verborgenen Schmerz verraten, der deine Zeit und Aufmerksamkeit erfordert. Wenn du feststellst, dass du dich immer wieder zu demselben Typus hingezogen fühlst, betrachte dies als deine Erlaubnis, einen tieferen Blick in deinen Schatten zu werfen und zu erforschen, warum das so ist. Sei neugierig; erforsche und lerne, welche Teile deiner Vergangenheit dein Schatten aufzuarbeiten versucht, während du dir dessen nicht so bewusst bist.

REFLEXIONSFRAGEN

Fühlst du dich immer wieder zu derselben Art von Personen hingezogen oder steckst du in einem Muster in deinen romantischen Beziehungen fest? Nimm dir einen Moment Zeit, um dieses Muster zu erkennen. Gib ihm einen Namen.

....

....

....

....

....

....

....

....

Wenn du weiter über dieses Muster nachdenkst, was glaubst du, worauf dein Schatten deine Aufmerksamkeit lenken will?

....

....

....

....

....

....

....

....

Was glaubst du, wie du anfangen kannst, Raum zu schaffen, um das zu verarbeiten, was verarbeitet werden will? Welche Schritte kannst du unternehmen, um dieses Muster zu unterbrechen?

AFFIRMATIONEN

Ich habe alles notwendige Wissen in mir, um meine Beziehungsmuster und Themen zu verstehen.

Ich kann ohne Scham etwas über mich und meine Entscheidungen lernen.

Ich habe die Kraft in mir, auf gesündere Beziehungen und Partner hinzuarbeiten.

KOMME INS GLEICHGEWICHT MIT DEINEN SCHATTENEIGENSCHAFTEN

Wahrscheinlich bist du zur Schattenarbeit gekommen, weil du das Gefühl hast, in deinem Leben irgendwie festgefahren zu sein. Du bist auf der Suche nach mehr Einsicht, damit du die Lücke zwischen deinem jetzigen Zustand und dem schließen kannst, wo du gerne wärst.

Vielleicht hast du entdeckt, dass du mit einer harten inneren Stimme kämpfst oder dass dein inneres Kind dringend mehr Liebe und Aufmerksamkeit braucht, als du ihm bisher gegeben hast. Ich hoffe, dass du auf dieser Reise mehr über dich selbst erfahren konntest. Ich hoffe auch, dass du zudem verstehst, dass nicht alles an deinem Schatten etwas ist, das korrigiert oder angepasst werden muss. Manchmal ist es wichtig, anzuerkennen und zu akzeptieren, was dein Schatten offenbart.

Genau wie das chinesische Konzept von Yin und Yang existieren die meisten (wenn auch nicht alle) Dinge in der Natur im Gleichgewicht. Das gilt auch für das, was in dir steckt. Während du in deiner Schattenarbeit vielleicht an Teilen von dir arbeitest, die Heilung brauchen, solltest du ebenfalls bedenken, dass die dunkleren Seiten deiner Persönlichkeit auch ihre Vorteile haben.

Es mag zwar vielleicht verlockend sein, etwas, das du als Herausforderung erlebst, als völlig schlecht zu betrachten; bedenke jedoch, dass alles, was du im Leben tust, einen Sinn für dich hat. Sonst würden die Gedanken, nach denen du agierst, und deine Handlungen einfach aufhören zu existieren. Du verlässt dich dann nur noch auf Entscheidungen, für die du Bestätigung bekommst – auch wenn es dir bisher schwergefallen ist, deren Nutzen zu erkennen.

Teile deines Schattens bieten unglaubliche Vorteile, auch wenn sie ihre eigenen Herausforderungen mit sich bringen. Wenn du zum Beispiel oft damit kämpfst, ein Gleichgewicht zwischen deinen eigenen Bedürfnissen und den Bedürfnissen anderer zu finden, kann das für dich eine große Belastung sein. Andererseits verschafft dir diese Perspektive ein unglaubliches Einfühlungsvermögen, das dir dabei hilft, dich für die Menschen in deinem Leben einzusetzen, wie es andere vielleicht nicht können oder nicht tun.

Das heißt nicht, dass du dich bei all deinen Handlungen aufopfern sollst. Du musst kein Märtyrer sein, um ein guter Mensch zu sein. Alle Dinge sollten in einem relativen Gleichgewicht stehen. Es kann sein, dass du dich mal mehr auf dich selbst und mal mehr auf die Bedürfnisse anderer konzentrierst; es ist wichtig, eine Art emotionale Heimat zu haben, in der du dich darauf verlassen kannst, dass deine Bedürfnisse erfüllt werden. Gleichzeitig musst du aber nicht den Zugang zu dem Teil von dir verlieren, der sich auf kraftvolle Weise für andere einsetzt. Vielleicht muss er nur regelmäßig auf sein Gleichgewicht hin überprüft werden.

Nimm dir einen Moment Zeit, um zu überlegen, wie der Schatten dir hilft, indem du dir die andere Seite deiner negativen Eigenschaften ansiehst.

REFLEXIONSFRAGEN

Welchen negativen Charakterzug oder welches Muster hast du durch deine bisherige Schattenarbeit in dir selbst entdeckt? Inwiefern wirkt sich dieser Charakterzug negativ auf dein Leben aus oder stört es auf irgendeine Weise?

Nimm dir einen Moment Zeit, um darüber nachzudenken, was du aus dieser Perspektive gewinnst. Was könnte diese Sichtweise oder Handlung verstärken und dadurch dazu führen, dass sie in deinem Leben fortbesteht?

Nimm dir nun einen Moment Zeit, um dir selbst etwas Mitgefühl zu schenken. Was kannst du zu dir sagen, um die Herausforderung dieses Teils deines Schattenselbst anzuerkennen und gleichzeitig sein Geschenk anzunehmen?

AFFIRMATIONEN

Ich kann der natürlichen Ebbe und Flut meiner positiven und negativen Eigenschaften Raum geben.

So wie alles, was in der Natur existiert, hat auch alles, was in mir ruht, die Fähigkeit zum Gleichgewicht.

Ich kann die Gelegenheit nutzen, um Einsicht und Entschlossenheit zu erlangen, auch von Teilen meiner selbst, die ich nicht mag.

ERFORSCHE DEINE GEFÜHLE IN BEZUG AUF ERFOLG

Es kann unglaublich aufregend sein, sich endlich großen persönlichen Zielen zu nähern. Wenn du einen gewissen Erfolg erlebst, können viele positive Gedanken und Gefühle aufkommen. Manchmal sind diese Momente aber auch bittersüß.

Es ist normal, mehrere Emotionen auf einmal zu empfinden. Wie ich meinen Klienten oft sage: »Es kann mehr als eine Sache zur gleichen Zeit wahr sein.« Wenn du dich einem neuen persönlichen oder beruflichen Ziel näherst, können auch Schattenanteile aktiviert werden. Es ist nicht ungewöhnlich, dass du ein breites Spektrum an Gefühlen erlebst. Vielleicht bist du aufgeregt, aber auch nervös, glücklich oder kannst es kaum glauben.

Phasen von Veränderungen sind wichtig in deinem Leben und es ist nicht ungewöhnlich, dass du dabei Ambivalenzen erlebst. Die Art und Weise, wie du auf diese Veränderungen reagierst, gibt dir Aufschluss über tief verwurzelte Gefühle gegenüber Veränderungen, Routine und Sicherheit. Wenn es darum geht, neue Wege in deinem persönlichen Leben oder in deinem Berufsleben zu beschreiten, kann auch die Frage auftreten, ob du es wert bist und ob du es verdienst.

Manchen Menschen fällt es leichter, sich mit Veränderungen abzufinden; den meisten fällt es dann leicht, wenn sich die Dinge in eine positive Richtung bewegen. Aber auch positive Veränderungen haben ihre Tücken. Vor allem, wenn du mit geringem Selbstvertrauen oder Selbstwertgefühl zu kämpfen hast, kann dein Schattenselbst in den Vordergrund treten, wenn positive Dinge in deinem Leben geschehen. Anstatt dich einfach nur über die wunderbaren Dinge zu freuen, die auf dich zukommen, erlebst du stattdessen ganz vielschichtige Gefühle. Scheinbar aus dem

Nichts tauchen Ängste oder Befürchtungen in deinen bewussten Gedanken auf.

Du fragst dich vielleicht, ob du diesen Fortschritt auch wirklich verdienst. Andererseits bist du vielleicht sehr zuversichtlich, was deinen Weg zum Ziel angeht, aber dann befürchtest du, dass etwas Schreckliches passieren könnte, das alles, wofür du gearbeitet hast, zunichtemacht. Deine schöne neue Erfahrung wird schnell getrübt. Diese Art von Gedankenprozess, dieses Hin und Her zwischen Angst und Freude, durchläufst du vielleicht immer wieder, wenn du dir Ziele setzt, sie erreichst, dir neue setzt und so weiter.

Es ist normal, dass du mehr als eine Emotion auf einmal hast. Sieh es als dein Schattenselbst, das dir einige Schmerzpunkte offenbart, die noch deiner Untersuchung und Unterstützung bedürfen. Wenn du weiter darüber nachdenkst, kannst du einen Einblick in das Warum hinter diesen bittersüßen Gefühlen gewinnen. Dann bist du besser in der Lage, die nächsten Schritte zu erkennen, die dir dabei helfen, diese Gefühle zu minimieren und zu verhindern, dass sie in Zukunft mit voller Wucht zurückkommen. Nimm dir einen Moment Zeit, um über die folgenden Fragen nachzudenken.

REFLEXIONSFRAGEN

Wie fühlt es sich an, die Dinge zu erreichen, die du dir für dein Leben gewünscht hast? Hast du Ängste oder Befürchtungen im Zusammenhang mit diesem Erfolg? Wenn ja, wo liegen die Ursachen für diese Gefühle? Hast du schon einmal große Erfolge und Verluste erlebt?

Inwiefern glaubst du, dass diese früheren Erfahrungen deine jetzigen Entscheidungen und Perspektiven beeinflussen?

Wie könntest du versuchen, diese Schattenanteile zu integrieren und in Zukunft mit deinen Erfolgen mehr im Einklang zu sein?

AFFIRMATIONEN

Es ist normal und legitim, mehr als ein Gefühl auf einmal zu empfinden.

Positive Schritte nach vorne gehen oft mit bittersüßen Gefühlen einher. Ich kann diese Dinge fühlen und trotzdem dankbar sein.

Ich kann mehr über meine Beziehung zu Veränderungen lernen und diese Informationen nutzen, um eine bessere Zukunft für mich zu schaffen.

DENKE ÜBER DEINE TRÄUME NACH

Die Traumanalyse ist eine gängige Methode der Schattenarbeit. Der Neurologe und Psychoanalytiker Sigmund Freud machte die Theorie populär, dass wir durch die Analyse von Träumen die Geheimnisse unseres tieferen Selbst entdecken können. Freud glaubte, dass Träume die Sprache des Unbewussten sind. In unserem kollektiven Verständnis dessen, was bestimmte Symbole nach diesen Philosophien bedeuten, gibt es einige Gemeinsamkeiten, über die du in einer späteren Übung in diesem Buch mehr erfahren wirst. Darüber hinaus gehen viele moderne Psychologen und spirituelle Führer davon aus, dass wir uns selbst besser verstehen können, wenn wir unsere Träume besser verstehen. Aber warum ist das so?

Während deiner wachen Stunden hat dein bewusster Verstand die Oberhand. Du bewegst dich weitgehend analog zu deinen bewussten Gedanken und Gefühlen. Du erledigst die Aufgaben des täglichen Lebens und triffst bewusste Entscheidungen, um deine Lebensumstände zu meistern. Du hältst dich an Zeitpläne (oder auch nicht) und kümmerst dich darum, dass alles seinen Gang geht. Die meisten von uns halten selten einmal inne, um zu verstehen, wie die Aktivitäten des täglichen Lebens uns zutiefst erfüllen oder unzufrieden machen. Wir denken etwa selten über den Zweck und die Bedeutung einfacher Gespräche und Interaktionen nach, einfach weil uns die Zeit und die Kapazität für eine tiefere Reflexion fehlen. Diese Art von Selbstreflexion kostet Zeit, die man sich bewusst nehmen muss – oft auf Kosten anderer Aufgaben oder Verpflichtungen.

Dieser Mangel an Reflexion führt dazu, dass tiefere Gedanken und Gefühle in den Schatten oder das individuelle Unbewusste verdrängt werden. Gängige oberflächliche Abwehrmechanismen wie Verleugnung, Projektion und Überkompensation halten dich davon ab, zu erkennen, wie und was du bei deinen Begegnungen verarbeitest und fühlst. Diese Abwehrmechanismen arbeiten im Hintergrund und ersparen dir in manchen Fällen mentale Energie, indem sie sich auf das konzentrieren, was im gegenwärtigen Moment am wichtigsten ist, und indem sie dich vor Schmerzen schützen, die du in anderen Momenten erlebst. Unbewältigter psychischer Ballast wird durch Verdrängung in deinen Schatten und damit in deine Träume verbannt.

An dieser Stelle fragst du dich vielleicht: Warum taucht all dieses Material in deiner Psyche auf diese bizarre symbolische Weise auf? Das liegt daran, dass die Abwehrmechanismen nicht so gut funktionieren, wenn du unbewusst bist. Während du schläfst, hast du nicht die gleichen psychologischen Schutzschilde wie in den wachen Momenten, in denen dein bewusstes Gehirn sie aufrechterhält. Wenn das Gehirn versucht, alle Ereignisse, Gedanken und Gefühle des Tages zu verarbeiten und ihnen einen Sinn zu geben, kommen sie durcheinander, symbolisch und verzerrt wieder hoch. Wir nennen diese Erfahrungen Träume.

Die Traumanalyse kann komplex sein und die meisten Fachleute haben unterschiedliche Vorstellungen davon, wie Träume funktionieren und was der Inhalt von Träumen für das Kollektiv und den Einzelnen bedeutet. Ich glaube, dass es keinen allgemeinen Ansatz zum Verständnis von Träumen gibt. Universelle Symbole und Themen können ein hilfreicher Ausgangspunkt sein, aber bei einer genauen Analyse geht es weniger darum, *was* du träumst, sondern vielmehr darum, wie du den Träumen eine *Bedeutung* für dich selbst gibst. Schließlich ist es die Art und Weise, wie du deine Träume verstehst, die dich dazu motiviert, im Wachzustand andere Entscheidungen zu treffen.

Nimm dir jetzt einen Moment Zeit, um an einen kürzlichen Traum zu denken, an den du dich erinnern kannst, und denke über seine Bedeutung nach.

REFLEXIONSFRAGEN

Bevor du dich mit dem Inhalt des Traums beschäftigst, nimm dir einen Moment Zeit, um darüber nachzudenken, wie er sich für dich angefühlt hat, sowohl im Traum als auch beim Erwachen. Welche Gefühle oder Empfindungen kamen hoch? War es ein eher dunkler oder heller Traum? Hattest du ein Gefühl der Schwere oder der Unbeschwertheit?

Denke nun über die Personen nach, die in einem deiner letzten Träume vorkamen. Wer (oder was) taucht in deinen Träumen auf? Welche Rolle spielen diese Personen in deinem wachen Leben? Was könnten sie symbolisieren?

Während du über den Inhalt des Traums nachdenkst, überlege, inwiefern das zentrale Thema oder der Konflikt an etwas erinnern könnte, das in deinem wachen Leben passiert ist. Was fällt dir dazu ein?

Wie könntest du diese Überlegungen nutzen, um dein Leben im wachen Zustand zu verändern?

AFFIRMATIONEN

Manchmal sind Träume klare Spiegel des wachen Lebens und manchmal sind sie sehr viel abstrakter.

Wenn ich meine Träume besser verstehe, kann ich auch verborgene Teile von mir besser verstehen.

Meine Träume haben eine Bedeutung, die sich auf mein Leben bezieht und nicht auf das eines anderen Menschen. Wenn ich sie verstehe, kann ich aus ihnen lernen.

BIETE DIR SELBST VERGEBUNG AN

Vergebung ist ein erstrebenswertes Ideal. Vielleicht bist du damit aufgewachsen, dass die Menschen um dich herum Vergebung als einen wichtigen Bestandteil eines guten Menschen anpreisen. Das ist hilfreich, weil du dadurch erkennst, wie viel Leid und Schmerz es in der Welt um dich herum gibt. Du beginnst, dich selbst als eine Person zu sehen, die das Leben anderer bereichert. Aber wie oft schenkst du dir eigentlich selbst ganz bewusst die gleiche Freundlichkeit und das gleiche Mitgefühl, das du anderen so bereitwillig entgegenbringst?

Vielleicht wurden dir die Vorteile von Selbstmitgefühl und Selbstvergebung auch nicht beigebracht. Es mag sein, dass die Menschen, die dir geholfen haben, zu wachsen und zu reifen, wie Eltern, Lehrkräfte oder Vorbilder, dir nicht vermitteln konnten, wie du dir vergeben kannst, weil sie selbst damit zu kämpfen hatten. Denn man kann jemandem nur die Wege aufzeigen, die man selbst gegangen ist. Deshalb kann es sein, dass du an diesem Punkt deines Lebens, an dem du Schattenarbeit leistest, ein großes Bedürfnis hast, dir die Vergebung zu gewähren, die du deinem Partner, deiner Partnerin, deiner Familie, deinen Freunden oder sogar deinen Kollegen so bereitwillig zukommen lässt.

Es ist schwer, dir zu vergeben, wenn du denkst, dass die Dinge, die du getan hast, verachtenswert sind oder jemand anderen verletzt haben. Aber jeder Mensch auf dieser Erde macht Fehler, und das gilt natürlich auch für dich. Du verdienst die gleiche Art von Mitgefühl und Vergebung, die man dir beigebracht hat, nach außen zu tragen. Du verdienst dieses Geschenk genauso wie die Menschen um dich herum.

Hast du dir schon einmal gesagt: »Ich bin selbst mein schlimmster Kritiker«? Diese Redewendung hat ihren Grund, denn es ist fast schon normal und wird erwartet, dass man einen inneren Krieg mit einem furchtbaren inneren Kritiker führt. Wenn das auf dich zutrifft, gibt es wahrscheinlich viele Dinge oder etwas ganz Konkretes, das du in deinem Schatten hältst und weswegen es dir unredlich erscheint, dir Vergebung anzubieten. Wahrscheinlich warst du so lange hart zu dir selbst, dass es sich jetzt unnatürlich anfühlt, auch nur daran zu denken, dich mit der Freundlichkeit zu behandeln, die du einem Fremden gegenüber aufbringen würdest. Doch das ist nicht gut.

Fange an, dich als einen Menschen zu sehen, der in der Lage ist, Fehler zu machen, aber nicht als einen falschen oder wertlosen Menschen. Schlage eine neue Seite im Buch deines Lebens auf und beginne, dir selbst zu vergeben. Das mag ein langer Weg sein, aber jedes Ziel beginnt mit dem ersten Schritt. Jetzt ist die Zeit für dich gekommen.

REFLEXIONSFRAGEN

Wie oft fällt es dir schwer, dir zu erlauben, Selbstvergebung und Selbstmitgefühl walten zu lassen?

Wie wirken sich deine Vergangenheit und deine früheren Erfahrungen mit anderen Menschen darauf aus, wie du dich selbst und deine Fähigkeit zur Vergebung siehst?

Nimm dir jetzt einen Moment Zeit, um dir selbst zu vergeben. Sage: »In diesem Moment arbeite ich daran, mir selbst zu vergeben für ______________ .« Wie fühlt sich das an, wenn du es laut aussprichst? Welche herausfordernden Gedanken oder Gefühle stehen dir im Weg, um diese Vergebung anzunehmen?

AFFIRMATIONEN

Ich bin es wert, dass mir vergeben wird.

So wie ich anderen Menschen Mitgefühl entgegenbringe, kann ich auch anfangen, aktiv Selbstvergebung zu üben.

Ich werde daran arbeiten, dass meine innere Stimme in Zukunft neutraler und verzeihender wird.

HINTERFRAGE, WARUM DU EINEN GROLL HEGST

Wie oft ertappst du dich dabei, dass du einen Groll gegen jemanden hegst, der dir Unrecht getan hat?

Wut ist eines der Gefühle, die hochkommen, wenn du darüber nachdenkst, dass dich jemand in deinem Leben enttäuscht oder betrogen hat. Wenn du nicht die Art von Lösung oder Entschuldigung bekommst, die du deiner Meinung nach verdient hättest, kann dieser Ärger für eine unbestimmte Zeit in dir brodeln. Das wiederum kann dazu führen, dass du einen Groll hegst und der Person ihr fehlgeleitetes Verhalten weiterhin übel nimmst, weil diese Gefühle unbewusst in deinem Gedächtnis bleiben.

Wie bereits erwähnt, spiegelt die Wut eine persönliche Verletzung wider, die du durch eine andere Person erleiden musstest. Wenn du das Glück hast und in der Lage bist, diese Wut mit der Person zu teilen, die dir Unrecht getan hat, verspürst du wahrscheinlich eine große Erleichterung. Dieses Gefühl ist befreiend und kann an und für sich schon heilend sein. Allerdings ist es möglich, dass du dich trotz deiner Bemühungen nicht wieder heile und respektiert fühlst. Wenn die andere Person dich nicht anerkennt oder nicht die Absicht hat, etwas wiedergutzumachen, kannst du mit diesem Gefühl nicht in Frieden leben. Du bleibst verunsichert zurück.

Vielleicht hattest du einen Konflikt mit jemandem und hast deinen Schmerz über etwas, das er oder sie getan hat, zur Sprache gebracht, aber keine Lösung gefunden. Womöglich wurdest du mit Ausflüchten, Ausreden oder anderen komplizierten Begründungen konfrontiert, die den Eindruck erweckten, dass die andere Person keine Verantwortung übernehmen wollte. Und dann hast du das Gespräch vielleicht mit einem mulmigen Gefühl verlassen und bereut, dass du überhaupt etwas gesagt hast. Es ist nicht ungewöhnlich, dass eine solche Erfahrung negative Gedanken auslöst, die normalerweise in deinem Schatten verborgen sind, und dass dadurch eine zerstörerische Reaktion ausgelöst wird. Du fängst vielleicht an zu zweifeln, ob deine Einschätzung der Situation richtig war und ob du überhaupt das Recht hattest, diese Wut zu empfinden, geschweige denn sie auszudrücken. Das kann leicht zu schattenbedingten Gedankenschleifen aus Selbstzweifeln, Selbstkritik und Gaslighting führen.

Zudem kann dies auch zu Groll und Missgunst führen, die du noch lange mit dir herumträgst. Die negativen Gefühle schwären und du betrachtest die beleidigende Person weiterhin als Vorbote des Schmerzes, den du immer noch in dir trägst. Sie wird zu einem Symbol oder einem Avatar für diesen Schmerz. Selbst wenn du nur an diese Person oder an eine frühere Erfahrung mit ihr denkst, wirst du wahrscheinlich reizbar und negativ. Vielleicht fällt es dir sogar schwer, sie als die Person zu sehen, die sie für dich vor der Verletzung war, obwohl du alles tust, um voranzukommen.

Solche Erfahrungen können außerdem Licht auf eine dunkle Ecke deines Schattenselbst werfen. Diese anhaltenden negativen Gedanken und Gefühle inspirieren Menschen häufig zu Rachefantasien. Es ist nicht ungewöhnlich, dass du der Person, die für deinen Schmerz verantwortlich ist, den gleichen emotionalen (und manchmal auch körperlichen) Schmerz wünschst, den du erlitten hast. Den Schatten zu integrieren, bedeutet zu verstehen und zu akzeptieren, dass es in Ordnung ist, diese Gedanken und Gefühle zu haben. Du kannst über Rache fantasieren, ohne sie auszuüben, und diese Fantasien machen dich nicht zu einem schrecklichen Monster. Sie bedeuten nur, dass du ein verletzter Mensch bist.

REFLEXIONSFRAGEN

Wie äußert sich ein Groll in deinem Leben? Inwiefern hast du bemerkt, dass er dein Verhalten gegenüber anderen Menschen verändert hat, sei es der beleidigenden Partei gegenüber als auch anderen?

Wie wirkt sich der Groll auf deine Stimmung oder dein Selbstwertgefühl aus?

Was erhoffst du dir von einer möglichen Lösung oder Heilung? Was wünschst du dir, wie es mit dieser Situation weitergehen könnte?

AFFIRMATIONEN

Ich kann dem Schmerz und
der Verletzung, die ich mit
mir trage, Raum geben.

Schmerz hat keinen Zeitrahmen.
Genauso wenig wie die Heilung.

Dunkle Gedanken über Rache zu
haben, macht mich nicht zu einem
bösen, dunklen Charakter. Es
bedeutet, dass ich ein Mensch bin.

Ich kann mich weiterentwickeln,
ohne mich unter Druck zu setzen,
vollständig geheilt zu sein.

VERWANDLE DAS SCHLECHTE IN ETWAS GUTES

Wir fühlen uns oft gezwungen, alle negativen Gefühle und Erfahrungen in positive zu verwandeln. Das kann natürlich dazu führen, dass du dich besser fühlst, aber die Integration des Schattens bedeutet auch, dass du akzeptieren musst, dass du manche Erfahrungen nicht in etwas Gutes umwandeln kannst. Vielleicht sind die positiven Aspekte minimal oder es gibt überhaupt keinen Silberstreif am Horizont.

Hast du dich schon einmal mitten in einem schwierigen Moment in deinem Leben befunden und dir gewünscht, du könntest aus dem dunklen Loch herauskommen, in dem du dich befindest? Es ist schwer, in einer solchen Phase zu sein und mit ihr zu leben. Du denkst vielleicht, dass der Kummer und der Schmerz, den du erlebst, nie enden werden. Und bist erschöpft aufgrund der Last deiner Gefühle, vielleicht sogar deprimiert und unsicher, wie du weiter vorgehen sollst. Das kann dazu führen, dass du dich gefangen fühlst, was zweifellos eine Menge negativer Gedanken hervorruft, die nur schwer zu ertragen sind.

In Situationen, in denen du mit einer Herausforderung konfrontiert bist, die unüberwindbar scheint, könnte es so aussehen, als bestünde die Lösung darin, einfach die Perspektive zu wechseln. Du sagst dir: »Mach dir keine Sorgen. Alles ist in Ordnung. Mir geht's gut!« Manchmal ist diese Art von Aufmunterung genau das, was du brauchst, um weiterzumachen – aber das ist nicht immer der Fall.

Deine Gefühle zu verleugnen, ist ein Abwehrmechanismus, den du einsetzen kannst, um mit schwierigen Zeiten in deinem Leben umzugehen. Aber genau wie Verdrängung und Projektion musst du diese Fähigkeit dann, wenn es möglich ist, bewusst einsetzen. Andernfalls entwickelst du ein Verhaltensmuster, bei dem du dich immer auf diesen einen Zustand verlässt, um deine Gefühle zu verleugnen.

Egal, ob du deine Gefühle verdrängst oder versuchst, so zu tun, als würden sie nicht existieren, sie also verleugnest: Sie verschwinden nicht einfach. Diese Gefühle – der Schmerz, den du empfindest und mit dem du kämpfst – existieren immer noch in dir. Es mag hilfreich sein, sich kurzzeitig Erleichterung zu verschaffen, um voranzukommen, und das ist auch in Ordnung. Wenn du dir aber nicht irgendwann Raum und Zeit für die Heilung dieser Gefühle nimmst, tauchen sie von ganz allein wieder auf. Und am Ende gehst du mit dem verleugneten Schmerz auf sehr ungesunde Weise um. Das kann zu gestörten Beziehungen, zu lang anhaltenden psychischen Problemen und sogar zu Drogenmissbrauch führen. All diese verleugneten Verletzungen und Schmerzen werden in den Schatten gestopft – was relativ unproblematisch ist, wenn du den Schatten annimmst und dich mit dem gesamten Material darin auseinandersetzt.

REFLEXIONSFRAGEN

Was glaubst du, welche Rolle die Verleugnung in deinem Leben gespielt hat? Welche Botschaften hast du in deiner Kindheit erhalten, wie du auf Schwierigkeiten reagieren und nach dem Silberstreif am Horizont suchen sollst?

Bei welchen Dingen hast du inneren Druck verspürt, sie zu verleugnen, zu verbessern und ins Positive zu wenden?

Wie kannst du Raum für die Last und den Schmerz schaffen, ohne zu versuchen, den Schmerz zu beheben?

AFFIRMATIONEN

Ich kann mich verletzt fühlen
und trotzdem in meinem
Leben vorankommen.

Ich muss mich nicht unter
Druck setzen, um in schwierigen
Situationen immer einen Silberstreif
am Horizont zu finden.

Ich muss mich nicht schämen,
wenn ich kämpfe oder
schwierige Zeiten durchlebe.

ENTDECKE HOFFNUNG DURCH DIE WUNDERFRAGE

Wenn du mit der Schattenarbeit beginnst, zögerst du vielleicht, weil du Angst hast und auch überwältigt von dem bist, was auf dich zukommen könnte. Dieses Zögern hält Menschen häufig davon ab, die Art von Heilung zu erreichen, die sie so dringend brauchen. Es kann sich durchaus beängstigend und schwierig anfühlen, sich selbst zu erforschen, obwohl du weißt, dass es dich zu mehr Befreiung und Heilung führen wird, wenn du dich mit dir selbst auseinandersetzt.

Es kann auch schwierig sein, darauf zu hoffen, dass diese Art der Beschäftigung mit dir selbst dich in einen geistigen Raum führt, der sich positiv auf dein Leben auswirkt und dir hilft, die Komplexität deines restlichen Lebens zu bewältigen – aber genau das ermöglicht die Schattenarbeit. Sie bietet dir einen Weg, über die ungeordneten Verletzungen und den Schmerz hinwegzusehen, den du schon lange mit dir herumträgst (vielleicht ohne es wirklich zu wissen). Und sie hilft dir, dich mit mehr Einsicht, Klarheit und Fokus auf das vorwärtszubewegen, was das Leben für dich sein soll. Natürlich können die Übungen in diesem Buch für dich herausfordernd sein, aber sie sollen dir die Hoffnung geben, dass es einen Weg durch die harten Zeiten und die Dunkelheit gibt; einen Weg, der dich zu einem Leben führt, in dem sich Helligkeit und Dunkelheit in einem Gleichgewicht befinden. Das ist es, was die Wunderfrage bewirken möchte: die Idee von Hoffnung und einer Zukunft mit neuen Möglichkeiten und in Gleichgewicht. Meist hört sich die Wunderfrage etwa so an: »Stell dir vor, du gehst heute Abend schlafen, wachst morgen auf und entdeckst auf wundersame Weise, dass eine deiner Sorgen verschwunden ist. Was ist jetzt anders in deinem Leben? Wie würde sich das für dich anfühlen?«

Wenn du schon lange mit negativen Gedanken und Gefühlen zu kämpfen hast, mag dir diese Vorstellung von Ausgeglichenheit und Hoffnung zu weit hergeholt, ja sogar wundersam erscheinen. Es ist in Ordnung, dieser Art der persönlichen Entwicklung mit einem gesunden Maß an Skepsis und Unglauben zu begegnen. Wichtig ist dabei, mit diesem Widerstand zu arbeiten und weiterzumachen, weil du weißt, dass du mit manchen Dingen, die du bisher ausprobiert hast, nicht tief genug gehen konntest, um die Heilung zu erzielen, die du brauchst. Kultiviere die Hoffnung auf neue Möglichkeiten, egal, wie unwahrscheinlich das im Moment auch erscheinen mag.

Die Wunderfrage ist in verschiedenen Formen schon seit einiger Zeit bekannt. Was die Frage in der Schattenarbeit angeht, so vergisst man manchmal, wenn man sich mit schwierigen Themen auseinandersetzt, dass auf der anderen Seite dieser Tiefe und Dunkelheit Licht ist. Du kannst dein Schattenselbst erforschen und dir eine Zukunft Seite an Seite mit deinen oft verborgenen Anteilen vorstellen. Das ist ein wichtiger Schritt auf dem Weg zur Integration – sich eine Zukunft vorstellen zu können, die den Schatten nicht nur akzeptiert, sondern auch neben ihm existiert, mit allem, was er repräsentiert.

REFLEXIONSFRAGEN

Auf einer Skala von 1 bis 10, wobei 1 für die geringste und 10 für die größte Hoffnung steht: Wo siehst du dich im Moment, wenn du an die Möglichkeiten denkst, die vor dir liegen?

Was, glaubst du, hindert dich derzeit daran, zu hoffen und dir eine neue Zukunft vorzustellen? Was dagegen gibt es in deinem Leben, das dir einen Ausblick auf einen neuen Weg bietet?

Nimm dir einen Moment Zeit und stell dir vor, du würdest morgen mit einer tiefen Akzeptanz und Integration deines Schattenselbst aufwachen. Inwiefern würde deine Welt anders aussehen? Inwieweit würde es dich verändern?

AFFIRMATIONEN

Schattenarbeit kann anstrengend sein, aber ich weiß, dass auf der anderen Seite dieser Arbeit mehr Frieden und Heilung liegt.

Ich kann meinem Zögern und meiner Skepsis bei dieser Arbeit Raum geben und trotzdem vorankommen.

Ich werde mir die Erlaubnis geben, zu hoffen, dass neue Gefühle und neue Anfänge vor mir liegen.

ERKUNDE LIEBE UND HASS

Wie du vielleicht schon gemerkt hast, bedeutet das Erforschen des Schattenselbst oft, dass du nach Dingen an dir suchst, die in deinem Alltag nicht sichtbar sind. Indem du die Unterschiede zwischen dem Licht und der Dunkelheit untersuchst, kannst du besser verstehen und akzeptieren, was der Schatten für dich bedeutet. Schattenarbeit bedeutet oft, Dichotomien zu betrachten, also Dinge, die oft wie Gegensätze wirken, zum Beispiel Licht und Dunkelheit oder Liebe und Hass.

Normalerweise fällt es dir viel leichter, an die Dinge und Menschen zu denken, die du magst und liebst, als an die, die du hasst. Während du dies liest, denkst du vielleicht über die Menschen in deinem Leben nach, die du liebst, oder über die Dinge, die dir am meisten Freude bereiten. Vielleicht denkst du an Haustiere oder auch an Hobbys, die bei dir Gefühle der Liebe hervorrufen. Das ist das Licht. Die Dunkelheit kann schwieriger zu greifen und zu erreichen sein. Vielleicht fällt es dir sogar schwer, dich damit abzufinden, dass du jemanden oder etwas hassen könntest.

Deine Dunkelheit birgt Hass und Abscheu. Die meisten Menschen denken nicht gerne daran, jemanden oder etwas zu hassen. Du bist vielleicht in einem familiären Umfeld aufgewachsen, das dieses Wort in jeder Hinsicht ablehnte. Natürlich ist es gesünder, aus Liebe zu handeln als aus Hass. Das ist jedoch eine moralische Bewertung, die aus den Grundsätzen des kollektiven Bewusstseins von Absolutismus und Reinheit entstanden ist. Diese moralische Bewertung schränkt deine Fähigkeit ein, dich mit der Hässlichkeit deines eigenen Schattens zu verbinden. Sie begrenzt deinen Zugang zu den sehr realen Gefühlen des Ekels, die in deinem Schattenselbst existieren.

Unabhängig davon, ob du in einem Umfeld aufgewachsen bist, das Hass als Konzept abgelehnt hat, oder nicht, bekommst du tagtäglich vermittelt, wie falsch es ist, zu hassen. Wahrscheinlich ist es dir unangenehm, wie dunkel es sich anfühlt, überhaupt an Hass zu denken. Es ist jedoch so befreiend, diesen Teil deines Schattenselbst anzuerkennen. Wenn du dich den negativen Gefühlen wie Hass, Abscheu oder Verachtung stellen und sie akzeptieren kannst, beginnt etwas Wunderbares zu geschehen. Denn wenn du diese dunkle Seite deines Menschseins anerkennst und bewusst verstehst, dass es sich um nicht integriertes Schattenmaterial handelt, verringert sich die Wahrscheinlichkeit, dass du unbewusst aus diesem Hass heraus handelst. Du kannst beginnen, sie als Schattengedanken und -gefühle zu akzeptieren und nicht als Verhaltensweisen, die du zwanghaft auslebst. Wenn du Hass und Hassgefühle nicht unterdrücken musst, gibt es auch keinen Platz für explosive Handlungen wie Missbrauch und Gewalt.

Wenn du verstehst, dass dieser Hass deine tiefsten inneren Gedanken, deinen eigenen Schmerz und deine Traumata widerspiegelt, kannst du mit Mitgefühl und Heilung auf dich selbst eingehen, anstatt deinen Schmerz auf andere zu projizieren, die es nicht verdient haben.

REFLEXIONSFRAGEN

Fällt es dir schwer, den Hass oder die Verachtung, die du für andere empfindest, zuzugeben? Warum oder warum nicht?

Welche Lektionen hast du im Laufe deines Lebens über diese Art von Gedanken und Gefühlen gelernt?

Wie fühlst du dich in diesem Moment, wenn du dir diese Gefühle eingestehst?

Gibt es eine bestimmte Person, eine Gruppe von Menschen oder eine Vorstellung, mit der du gerade nicht zurechtkommst? Inwiefern könnte dieser Konflikt projiziertes Schattenmaterial von dir darstellen?

AFFIRMATIONEN

Um meinen Schatten besser zu integrieren, werde ich daran arbeiten, das Licht und die Dunkelheit in mir zu akzeptieren.

Hass, Abscheu und Verachtung sind Gefühle und erfordern keine Handlung.

Ich kann diesen negativen Gefühlen Raum geben, um Wege zu finden, meinen eigenen Schmerz zu heilen.

ERKUNDE DIE KÖRPERKARTE DEINER GEFÜHLE

So wie Träume die Sprache des Unbewussten sind, hat auch dein Körper seine eigenen Geschichten zu erzählen. Zusätzlich zu Strategien wie Traumanalyse, Meditation, Tagebuchschreiben und anderen spirituellen Methoden erhältst du mehr Einblick in dein Schattenselbst, wenn du eine engere Beziehung zu deinem eigenen Körper entwickelst.

Dein Körper ist das Gefäß, das dich durch diese Welt trägt. Er nimmt automatisch alle deine Erfahrungen auf. Er ist bei dir, wenn du die schönen Momente des Lebens feierst, und er ist den Herausforderungen und Traumata deines Lebens ausgesetzt. Du erhältst außerdem auch von außen Botschaften darüber, wie dein Körper auszusehen und zu funktionieren hat, in der Regel, um anderen zu gefallen und sie zufriedenzustellen. Bei all diesen komplexen Zusammenhängen kann es leicht passieren, dass du den Körper, den du hast, nicht mehr zu schätzen weißt und wertvolle Informationen verpasst, die er dir liefern kann. Die Beziehung zwischen Körper und Geist ist komplex.

Es kann schwierig sein, in engeren Kontakt mit deinem Körper zu kommen, wenn er kein sicherer oder angenehmer Ort für dich war. Das gilt besonders für Überlebende von Missbrauch, Menschen mit Behinderungen und Menschen, die mit chronischen Schmerzen und anderen Krankheiten leben. Wenn du viel Zeit mit dem Schmerz und dem Unbehagen deines Körpers verbracht hast, kann es bedrohlich sein, dich mit deinem Körper zu verbinden, um dich weiterzuentwickeln. Wenn das bei dir der Fall ist, kannst du diesen Abschnitt gerne noch einmal lesen, wenn du dich eher dazu in der Lage fühlst.

Die Verbindung zwischen Körper und Geist zeigt dir, dass deine emotionalen Gefühle mit deinen körperlichen Empfindungen verbunden sind. Dein Körper und dein Körperempfinden beeinflussen deine emotionale Gesundheit. Die wiederum wirkt sich umgekehrt auch darauf aus, wie du deinen Körper wahrnimmst. Mit etwas Training kannst du lernen, deine inneren emotionalen Erfahrungen, also deine Gefühle, mit den tatsächlichen Körperstellen und -empfindungen zu verbinden. Wenn du zum Beispiel schon einmal den Satz »Ich habe ein Bauchgefühl« gehört hast, dann kennst du dieses Konzept bereits. Wenn du einer Situation positiv gegenüberstehst, kann sich dieses Gefühl warm oder entspannend anfühlen. Im Gegensatz dazu kann sich das Bauchgefühl wie ein scharfer Stich in der Magengegend oder wie ein Unwohlsein anfühlen, wenn du dich nicht in einer guten, sicheren Situation befindest.

Du kannst deine Gefühle im ganzen Körper spüren. Viele gestresste Menschen leiden häufig unter Nackenverspannungen, Schulterverspannungen und Kopfschmerzen. So signalisiert dir dein Körper, dass du zu viel Zeit im Kopf verbringst und dir den Kopf über lange Aufgabenlisten zerbrichst oder darüber, wie du ein Problem am besten lösen kannst.

Es gibt zwar allgemeine Trends bei Körperwahrnehmungen, aber wie du ein Gefühl mit einer Körperwahrnehmung verbindest, ist sehr individuell. Es gibt keine richtigen oder falschen Antworten, keinen Standard, dem du gerecht werden musst – nur die Wahrheiten, die dein Unterbewusstsein, dein Schatten, dir zu vermitteln versucht, damit du sie beachtest.

REFLEXIONSFRAGEN

Hast du jemals ein körperliches Gefühl bemerkt, während du gleichzeitig eine emotionale Reaktion hattest? Was hast du bemerkt? Welche körperlichen Hinweise sind dir aufgefallen?

Wenn du jetzt in diesem Moment nachdenkst: Was kannst du in deinem Körper spüren? Fallen dir Stellen auf, die entspannt oder angespannt sind? Was könnte dein Körper dir über deine gegenwärtige Erfahrung sagen wollen?

Welche Praktiken kannst du derzeit anwenden, um deinen Körper und seine Hinweise auf dein Schattenselbst besser zu verstehen?

AFFIRMATIONEN

Indem ich auf meinen Körper achte, kann ich besser erkennen, worauf mein Schattenselbst reagiert.

Wenn ich lerne, meine eigenen körperlichen Signale zu deuten, kann ich meine Gefühle und Wünsche besser verstehen.

Auf meinen Körper zu hören, ist eine neue Fähigkeit. Ich werde Geduld haben, während ich mir die Zeit nehme, ihm zuzuhören.

IDENTIFIZIERE DEINE TRIGGER

Bist du schon einmal einfach nur deiner Tagesordnung nachgegangen, als du plötzlich aus dem Nichts heraus eine unerwartete emotionale Reaktion hattest? Wenn ja, dann hast du einen Auslöser erlebt, einen Trigger.

Wenn wir im gesellschaftlichen Kontext über Trigger sprechen, denken wir an Dinge, die wir unter allen Umständen vermeiden wollen. Aber Trigger sind unglaublich hilfreiche Datenquellen für die Schattenarbeit. Sie sind die kleinen und manchmal subtilen Hinweise darauf, dass du auf ein tiefes Schattenmaterial reagierst. Wenn Menschen sagen, sie seien getriggert, meinen sie in der Regel, dass sie gerade eine emotionale – und häufig auch körperliche – Reaktion auf etwas in ihrer Umgebung erlebt haben. Dieses stimulierende Ereignis (also der Trigger) hat dann einige schwierige Emotionen an die Oberfläche gebracht. Die Menschen erkennen oft, dass etwas passiert ist, aber vielleicht sind sie sich nicht sicher, was der Auslöser war oder warum er eingetreten ist.

Trigger weisen fast immer auf Schattenmaterial oder vergangene Traumata hin, die du erlebt hast. Das muss nicht heißen, dass die Erfahrung für dich weltbewegend war – das trifft durchaus nicht auf jedes Trauma zu. Aber es bedeutet, dass du durch diese Erfahrung psychisch verändert wurdest. Wenn du immer wieder auf denselben Auslöser reagierst, ist das ein Zeichen dafür, dass du mehr Heilung brauchst.

Die Ursachen, die zu unerwünschten körperlichen oder emotionalen Reaktionen führen, können groß oder ganz unauffällig sein. Jemand, der einen verheerenden Autounfall erlebt hat, könnte zum Beispiel beim Einsteigen in ein Auto schnell Angstzustände bekommen. Aber was ist, wenn der Auslöser etwas Subtileres ist, wie eine spitze Bemerkung von jemandem, dem du vertraust, oder ein fremder Mensch, der dir nicht die Tür aufhält, wenn du hinter ihm ein Gebäude betrittst? Es kann schwieriger sein, diese Momente zu entschlüsseln, vor allem, wenn du sie nicht als bedeutungsvolles Schattenmaterial wahrnimmst.

Du kannst Trigger auch aus einer gewissen Entfernung erleben. Dinge, die du online liest, können emotionale Reaktionen und tiefen Schmerz auslösen. Das kann dazu führen, dass du heftig reagierst, vor allem, wenn du ohnehin schon angespannt bist. Wenn dir von der Gesellschaft zum Beispiel immer wieder gesagt wurde, dass du aufgrund deiner Identität weniger wert bist als andere, kann dich ein Kommentar in den sozialen Medien zu diesem Thema wütend machen und tief verletzen, weil er dich daran erinnert, dass die Gesellschaft dich für unerträglich oder inakzeptabel hält. Auf diese Weise kannst du Trigger erleben, auch wenn du persönlich nicht das eigentliche Ziel bist. Du kannst einen Trigger nämlich auch stellvertretend erleben.

Du kannst es nicht vermeiden, getriggert zu werden. Es ist kein persönliches Versagen, auf deine Umgebung zu reagieren, egal, wie groß oder klein deine Reaktion ist. Wenn du dir Zeit nimmst, deine eigenen Trigger zu erkennen und besser zu verstehen, kannst du so reagieren, dass du dich in Zukunft weniger gestört fühlst. Indem du diese Auslöser tiefer erforschst, schaffst du auch Raum, um deine Schattenanteile zu integrieren.

REFLEXIONSFRAGEN

Erinnere dich an eine Begebenheit, in der du aus dem Nichts heraus ein emotionales oder körperliches Gefühl verspürt hast. Was kam bei dir hoch und was, glaubst du, wollte dir dein Körper damit sagen? Auf welche Reize hast du reagiert?

Welche allgemeinen Anzeichen (emotionale und/oder körperliche Reaktionen) bemerkst du, wenn dich etwas stört?

Wenn du bereits einige deiner üblichen Trigger kennst, schreibe sie auf (auch wenn sie noch so klein erscheinen) und frage dich: »Worum könnte es sich wirklich handeln? Was macht den jeweiligen Auslöser für mich so lästig? Welche tieferen Punkte könnte er ansprechen?«

AFFIRMATIONEN

Getriggert zu werden, ist kein persönliches Versagen.

Meine Trigger verschaffen mir mehr Klarheit für meine Heilung.

Wenn ich meine Trigger vermeide, verstärke ich sie nur. Ich kann mich ihnen sicher nähern.

Ich kann lernen, auf meine Trigger so zu reagieren, dass ich mich gut dabei fühle.

REAGIERE AUF ENTTÄUSCHUNGEN

Es ist nie ein gutes Gefühl, mit einer Enttäuschung konfrontiert zu sein. Wenn du Erwartungen an ein Ereignis oder eine Person hast und die tatsächliche Erfahrung nicht ganz deinen Vorstellungen entspricht, kann das niederschmetternd sein. Es kann aber auch aufschlussreich sein, um deine Schattenseite besser zu verstehen.

Enttäuschungen sind ein unvermeidlicher Teil der menschlichen Erfahrung. Du kannst sie im großen Stil erleben, zum Beispiel wenn du vor einer Scheidung stehst oder eine berufliche Chance verpasst hast; oder du siehst dich in viel banaleren Situationen einer Enttäuschung gegenüber, zum Beispiel, wenn ein*e Partner*in deine Gefühle im Moment nicht erwidert. In allen Situationen zeigen die Schmerzen, die du spürst, die Distanz zwischen deinen Hoffnungen und Wünschen und der Realität, die du in diesem Moment erlebst.

Eine Enttäuschung zu erleben, ist für Menschen zwar nicht ungewöhnlich, aber deine Reaktion darauf kann unglaublich einzigartig und detailliert sein. Hier hast du die Möglichkeit, dich selbst besser zu verstehen und Dinge auszupacken, die vielleicht außerhalb deines normalen Alltagsbewusstseins liegen. Wie jedes andere Gefühl ist auch die Enttäuschung eine berechtigte Erfahrung für sich. Du musst dieses Gefühl in keiner Weise rechtfertigen oder rationalisieren. Du kannst jedoch daran arbeiten, deine persönlichen Muster besser zu verstehen, indem du sie genauer untersuchst. Das kann dir einen besseren Einblick in diese versteckten Schmerzpunkte geben und Ideen für mögliche Lösungen hervorbringen, wenn diese Gefühle wieder auftauchen.

Es gibt nicht den einen richtigen Weg, Enttäuschungen zu verarbeiten. Aber die Art und Weise, wie du auf Enttäuschungen reagierst, gibt dir wichtige Tatsachen und Details, die du untersuchen und analysieren kannst. Eine Enttäuschung kann dich auf einen Weg der Traurigkeit führen. Du ziehst dich vielleicht zurück oder isolierst dich. Du fängst womöglich sogar an, an dir selbst und den Erwartungen zu zweifeln, die du in diese Person oder Situation gesetzt hast. Vielleicht neigst du auch dazu, deine Wut und Frustration nach außen zu tragen, wenn du enttäuscht wirst. Möglicherweise schimpfst du mit deinem Gegenüber oder spielst eine Situation herunter und rufst: »Es war mir sowieso egal!« Jeder von uns reagiert auf seine eigene Art und Weise auf Enttäuschungen.

Diese instinktiven und oft automatischen Reaktionen sind unglaublich aufschlussreich. Wenn du dir einen Moment Zeit nimmst, um tiefer darüber nachzudenken, kannst du dich in eine andere Zeit in deinem Leben zurückversetzen, in der du dich ähnlich gefühlt hast. Vielleicht hast du diese Enttäuschung durch ein Elternteil oder eine andere Autoritätsperson erlebt. Oder vielleicht hast du erlebt, wie sich deine Hoffnungen und Pläne in einer entscheidenden Phase deines Lebens zerschlagen haben. Es ist wahrscheinlich, dass du mit diesen Momenten noch nicht abgeschlossen hast. Du verdrängst sie, um weiter zu funktionieren, vergisst aber dabei, dass dein Schattenselbst nicht so nachsichtig ist. Der Schatten vergisst nicht einfach – er verdeckt nur schmerzhafte Gedanken und Erinnerungen, und zwar so lange, bis du die Entscheidung treffen kannst, dich bewusst mit ihnen auseinanderzusetzen. Frage dich: »Ist dieser Zeitpunkt jetzt gekommen?«

REFLEXIONSFRAGEN

Wie reagierst du normalerweise, wenn jemand (oder etwas) deine Erwartungen nicht erfüllt? Wie äußert sich die Enttäuschung bei dir?

Glaubst du, dass diese Reaktion im Laufe der Zeit ein Muster darstellt? Wenn du über deine Vergangenheit nachdenkst, welche Enttäuschungen (und Reaktionen) kommen dir sofort in den Sinn?

Was glaubst du, was du jetzt in Bezug auf diese enttäuschenden Erfahrungen angehen solltest?

Wie kannst du diese neue Erkenntnis in dein tägliches Leben integrieren?

AFFIRMATIONEN

Ich muss meine Gefühle der Enttäuschung nicht rationalisieren oder rechtfertigen.

Enttäuschung ist die Kluft zwischen meinen Erwartungen und meiner gelebten Realität.

Durch meine Schattenarbeit kann ich meine Erfahrungen mit Enttäuschungen besser integrieren und neue Wege finden, darauf zu reagieren.

ERFORSCHE DEINE GRENZEN

Mit der zunehmenden Sensibilisierung für psychische Gesundheit wird auch das Thema, wie wir den Menschen um uns herum Grenzen setzen, immer präsenter. Es gibt viel Verwirrung darüber, was Grenzen sind, was sie bedeuten und wie man sie richtig setzt. In diesem Abschnitt erfährst du mehr über Grenzen und kannst darüber nachdenken, wie du sie konkret in deinem Leben anwenden kannst, um deinen Bedürfnissen besser gerecht zu werden.

Wir können nicht über Grenzen reden, ohne über den Schatten zu sprechen. Dieser Teil wird zwar oft ausgelassen, ist aber in diesem Kontext entscheidend. Grenzen stecken den Bereich ab, in dem du für dich selbst sorgen kannst. Innerhalb deiner Grenzen stehen zwei wichtige Themen: Sicherheit und Selbstfürsorge. Beide sind in der Schattenarbeit oft zentral.

Unser Gehirn neigt dazu, Strategien oder Muster zu entwickeln, um uns emotional sicher zu halten. Je nach deiner individuellen Geschichte können diese Reaktionsmuster auch in vergangenen Traumata und verdrängtem Schattenmaterial verwurzelt sein. Manche Menschen, die in ihrer frühen Kindheit ein Trauma erlebt haben, vor allem ein Beziehungstrauma, fühlen sich beispielsweise sicherer, wenn sie zwischenmenschliche Distanz wahren oder sich in Vermeidung üben. Obwohl du dir engere Beziehungen wünschst, nimmst du intime Beziehungen vielleicht als gefährlich wahr und schaffst regelmäßig Abstand zwischen dir und anderen. Die alten Wunden haben das Sagen, insbesondere wenn sie noch nicht verheilt sind. Du kannst nicht glauben, dass Intimität auch Sicherheit bedeutet. Um Menschen näherzukommen und intimere Beziehungen aufzubauen, ist es unumgänglich, die Wunden des Schattens zu integrieren und zu lernen, die Angst vor Nähe zu ertragen. Dies erreichst du, indem du deine Grenzen in Bezug auf Intimität änderst.

Im Gegensatz dazu ist es nicht ungewöhnlich, dass Menschen, die in der Vergangenheit körperlichen oder sexuellen Missbrauch erlebt haben, ein Muster entwickeln, bei dem sie sich unterwerfen oder den Bedürfnissen ihrer Mitmenschen ständig nachgeben – man bezeichnet dies als Fawn Response oder Fawning. Wenn das auf dich zutrifft, fühlst du dich in deinen Beziehungen wahrscheinlich oft unerfüllt. Aufgrund einer traumatischen Vergangenheit glaubst du, dass Fawning der einzige Weg ist, um dich zu schützen oder gewollt zu werden. Mit der Zeit macht es dieses Muster schwierig, auf die eigenen Bedürfnisse und Wünsche zu hören.

Wenn du diese schmerzhaften Punkte, die in deiner Schattenseite verborgen sind, nicht ansprichst, bleibst du stecken. Du verlässt dich auf bestimmte Grenzen und Muster, um vergangenen Schmerz zu überkompensieren, was zu weiteren Problemen führen kann. Die Person, die sich auf Distanz verlässt, hat wahrscheinlich extrem starre Grenzen zu anderen im Alltag. Andere in ihrem Leben haben oft das Gefühl, dass sie diese Person nicht wirklich gut kennen. Im Gegensatz dazu hat die Person, die zu Fawning neigt, wahrscheinlich viel durchlässigere Grenzen, auch wenn sie das ständig ihren Seelenfrieden kostet und zu Problemen mit Co-Abhängigkeit führt.

REFLEXIONSFRAGEN

Wie fühlst du dich im Moment mit den Grenzen, die du in deinen Beziehungen hast?

Wie könnten deine Grenzen durch deine persönliche Geschichte beeinflusst sein?

Wenn du an Themen wie Sicherheit und Schutz denkst, welche Gedanken kommen dir da sofort in den Sinn? Stellst du irgendwelche Muster in diesen Gedanken und Gefühlen im Laufe der Zeit fest?

AFFIRMATIONEN

Ich nutze Grenzen, um für mich selbst zu sorgen und Sicherheit zu finden.

Ich kann lernen, meine Grenzen anzupassen, um mich zu schützen und mit anderen in Verbindung zu bleiben.

Meine Grenzen helfen mir, mich um meinen Geist, meinen Körper und meine Seele zu kümmern.

BERÜCKSICHTIGE DIE SECHS ARTEN VON GRENZEN

In der vorherigen Übung hast du gelernt, dass Grenzen komplex sind und von deiner persönlichen Geschichte geprägt werden. Es ist wichtig zu wissen, dass wir dazu neigen, uns mit Grenzen aus sechs Hauptkategorien auseinanderzusetzen: emotional, intellektuell, materiell, körperlich, sexuell und zeitlich.

- **Emotionale Grenzen beziehen sich auf das Teilen von emotionalen Inhalten und Informationen.** Überlege, mit wem und wie oft du deine ehrlichen Gefühle teilst. In der Regel sind die emotionalen Grenzen durchlässiger, wenn es sich um Personen handelt, die dir sehr nahestehen, zum Beispiel deine Partnerin oder dein Partner und deine Liebsten. Ebenso sind deine emotionalen Grenzen wahrscheinlich strikter, wenn es um berufliche Kontakte wie Arbeitskollegen oder Geschäftspartner geht, die nicht gleichzeitig Freunde sind.
- **Intellektuelle Grenzen beziehen sich auf den Austausch von Gedanken und Ideen.** Fühlst du dich oft respektiert, wenn du deine Gedanken und Meinungen mit anderen teilst? Wenn nicht, lohnt es sich vielleicht, über gesündere oder striktere Grenzen zu bestimmten Menschen oder in bestimmten Kontexten nachzudenken.
- **Materielle Grenzen beziehen sich auf das Ausmaß, in dem du deine Ressourcen und Güter mit deinen Mitmenschen teilst.** Das kann sich auf das Ausleihen von materiellen Dingen wie Essen, Kleidung, Bücher oder Geld beziehen, aber auch auf abstraktere Dinge wie den Zugang zu anderen sozialen oder beruflichen Kontakten.
- **Körperliche Grenzen beziehen sich darauf, wie viel Zugang jemand zu deinem Körper oder deiner persönlichen Umgebung**

hat. Du könntest dich beispielsweise als »Umarmer« bezeichnen, wenn du eher geringere körperliche Grenzen hast, könntest aber gleichzeitig strengere Grenzen in diesem Bereich haben, wenn du es vorziehst, Leuten, die du triffst, nicht die Hand zu geben.

- **Sexuelle Grenzen beziehen sich auf die Grenzen und Richtlinien dafür, wie du deine sexuelle Identität und Sexualität ausdrückst.** Das kann sich auf den verbalen Austausch von persönlichen Informationen über deine sexuelle Identität oder die Dinge, die du sexuell magst, beziehen, bis hin zu dem Ausmaß, in dem du körperliche Handlungen mit einer anderen Person vollziehst. (Hier kann es auch Unterschiede geben, je nachdem, ob es sich um eine*n feste*n oder eine*n unverbindliche*n Sexualpartner*in handelt.)
- **Zeitliche Grenzen beziehen sich darauf, wie du deine Zeit verbringen willst.** Menschen mit strikten Zeitgrenzen nehmen sich nur bestimmte Zeiten für Treffen, Telefonate und so weiter, während jemand, dessen Grenzen eher durchlässig sind, irgendwann oft keine Zeit mehr hat, weil er sich und anderen keine Zeitgrenzen setzt. Vielleicht hast du auch unterschiedliche Grenzen, wie du deine Zeit mit verschiedenen Personengruppen verbringst, je nachdem, ob es sich um Familienmitglieder, Freunde, Liebespartner, Kollegen und so weiter handelt.

Wenn du tiefer in die Arbeit mit den Grenzen einsteigst, fühlst du dich vielleicht gezwungen, starre oder durchlässige Grenzen als etwas Schlechtes zu betrachten. Das ist jedoch nicht der Fall. »Gesunde« Grenzen (oder solche Grenzen, die für dich am besten sind) können je nach deinen Lebensumständen starr oder auch durchlässiger sein. Du könntest zum Beispiel gegenüber einem missbrauchenden Expartner, mit dem du die elterlichen Rechte teilst, sehr starre Grenzen haben, aber gegenüber der Mutter deines Expartners, die dir emotionale Unterstützung bietet, eher durchlässige Grenzen haben.

Wenn es um Grenzen geht, bringen deine typischen Muster oft verschüttetes Schattenmaterial zum Vorschein. Dies hat mit den Erfahrungen zu tun, die dein inneres Kind in den prägenden Jahren gemacht hat. Verlust, Sicherheit, Geborgenheit und Vernachlässigung sind alles Themen, die eine Rolle dabei spielen, wie du dir als erwachsener Mensch Grenzen vorstellst und wie gesunde Grenzen aussehen. Wenn du dir Zeit nimmst, um deine persönlichen Grenzen zu überprüfen, wirst du wahrscheinlich eine Menge über das Schattenmaterial erfahren, das dir die meiste Zeit über nicht bewusst ist.

REFLEXIONSFRAGEN

Welcher Grenzen bist du dir am häufigsten bewusst und kannst sie gut handhaben? Bei welchen Grenzen in welchen Lebensbereichen fühlst du dich am unsichersten?

Welches Schattenmaterial könnte deine Schwierigkeiten beim Setzen gesünderer Grenzen erklären? Welche Erfahrungen oder Prinzipien könnten der Grund für deine Schwierigkeiten sein?

Nimm dir einen Moment Zeit, um zu überlegen, wie du daran arbeiten kannst, gesündere Grenzen zu ziehen. Welche Schritte musst du unternehmen, um voranzukommen, und welche Ressourcen können dir dabei helfen?

AFFIRMATIONEN

Grenzen sind ein Werkzeug, mit dem ich für mich selbst sorgen und mich sicher fühlen kann.

Ich habe das Recht, angemessene Grenzen für meine spezielle Situation zu wählen.

Ich kann die Grenzen meiner Mitmenschen respektieren, damit auch sie sich sicher fühlen können.

REFLEKTIERE UNBEABSICHTIGTE HANDLUNGEN

Es ist wichtig, achtsam mit deinen Handlungen und Entscheidungen umzugehen. Wenn du eine Praxis der achtsamen Selbstwahrnehmung entwickelst, stellst du sicher, dass du dein Leben so lebst, dass es dir guttut, und dass du die Vorteile der Umgebung, in der du dich befindest, voll ausnutzt. Manchmal machst du aber auch Fehler und tust Dinge, auf die du mit Schuldgefühlen und Scham zurückblickst.

Du sagst vielleicht: »Das wollte ich nicht!«, wenn du über einen persönlichen Fehler nachdenkst. Normalerweise kommt diese Erkenntnis, wenn jemand, den du beleidigt hast, so aufmerksam ist, dass er seine Erfahrungen mit deinem Verhalten mit dir teilt. Diese Art von Feedback zu erhalten, kann schwierig sein. Es kann sowohl eine intellektuelle als auch eine emotionale Verletzung sein.

Die meisten von uns halten sich gerne für Menschen, die sich ihrer Taten bewusst sind und diese überlegt ausführen, und auf viele von uns trifft das auch tatsächlich zu. Die Realität sieht jedoch so aus, dass dein Nervensystem an stressigen Tagen und in einem komplexen Alltag einfach nicht den Platz oder die Kapazität hat, um jede deiner Handlungen oder Entscheidungen zu verarbeiten. Wenn die Dinge nicht so laufen, wie du es dir vorgestellt hast, kann dein Schattenselbst leicht überrascht, aktiviert und ausgelöst werden.

Wenn du schon einmal in einer Situation warst, in der dir ein geliebter Mensch seine Gefühle über etwas mitgeteilt hat, das du getan hast, dann kennst du dieses Gefühl. Das Feedback hat womöglich negative Gedanken in oder Selbstzweifel an dir ausgelöst. Vielleicht bist du sofort sprichwörtlich auf die Knie gefallen und hast dich ausgiebig entschuldigt. Vielleicht warst du sogar schockiert über die Rückmeldung, weil du dir noch nicht überlegt hattest, wie dein Verhalten auf die andere Person gewirkt hat. Es ist normal, dass du defensiv reagierst, weil du dein Ego und deinen Ruf schützen willst. In jedem dieser Fälle hat das Feedback, das du erhalten hast, wahrscheinlich einen wunden Punkt in dir getroffen.

Bestimmt hast du auch schon einmal eine persönliche Krise erlebt, bei der viel auf dem Spiel stand. Vielleicht hast du zum Beispiel einen Fehler bei einem wichtigen Projekt gemacht oder die Gefühle deiner Partnerin oder deines Partners verletzt. Solche Momente können dich aus der Bahn werfen, vor allem, wenn die Rückmeldung von jemandem kommt, den du liebst und der dir wichtig ist.

Um dein Schattenselbst besser zu verstehen, ist es wichtig, über die eigentliche Handlung hinauszuschauen und sowohl auf die Auswirkungen als auch auf die Absicht zu achten. Fehler sind nicht beabsichtigt. Warum fühlst du dann dennoch Scham und Schuldgefühle, wenn du sie machst? Höchstwahrscheinlich, weil deine unbeabsichtigte Handlung (der Fehler) für etwas Tieferes in dir steht. Vielleicht fühlst du dich ständig unter Druck gesetzt, perfekt zu sein, und siehst einen Fehler als Riss in dieser perfekten Fassade. Oder vielleicht dachtest du, du hättest eine Entscheidung getroffen, die mit deinen Werten übereinstimmt, aber am Ende hat sie die Gefühle eines anderen Menschen getrübt. Das könnte dich an deine eigenen selbstbezogenen Impulse erinnern, die du zu vermeiden versuchst. Die Art und Weise, wie du auf diese Momente reagierst und was du dabei fühlst, weist auf die lange aufrechterhaltenen Muster deines Schattenselbst hin. Dies ist eine Gelegenheit, tiefer zu graben und mehr darüber zu erfahren, wer du bist und welche Beweggründe hinter deinen Entscheidungen stecken.

REFLEXIONSFRAGEN

Erinnere dich an ein Ereignis in letzter Zeit, bei dem du dachtest, du hättest dich unpassend oder unerwartet verhalten. Was ist passiert? Was waren die Umstände für dieses Verhalten?

Betrachte nun dein Verhalten mit einem neugierigen statt mit einem wertenden Blick. Angenommen, du hast nicht absichtlich oder böswillig gehandelt – was, glaubst du, wolltest du mit deinem Verhalten erreichen oder bewirken?

Erhältst du dadurch weitere Einblicke in das Schattenmaterial, das dir in diesem Moment nicht unmittelbar bewusst war?

Wie kannst du diese Handlungen aus heutiger Sicht betrachten? Gibt es Möglichkeiten zur Wiedergutmachung oder zur Ausübung von Selbstmitgefühl?

AFFIRMATIONEN

Es ist in Ordnung, wenn
ich Fehler mache.

Ich kann mich schuldig fühlen, weil ich einen Fehltritt begangen habe, aber ich muss mich nicht dafür bestrafen, dass ich im Eigeninteresse gehandelt habe.

Ich kann mich weiterentwickeln, indem ich das Gelernte verinnerliche und ein Gleichgewicht zwischen der Erfüllung meiner Bedürfnisse und dem Respekt für meine Mitmenschen finde.

STELLE DICH KONFLIKTEN

Konflikte und Konfrontation sind ähnliche Begriffe. Wenn du über Konfrontation nachdenkst, denkst du vielleicht daran, wie es für dich ist, wenn du eine Person damit konfrontierst, dass sie etwas getan hat, das dich verärgert hat. Vielleicht wurde dir Unrecht getan oder du fühlst dich durch das Verhalten der Person beleidigt und musst dich durchsetzen, um das Problem zu lösen. Indem du die Person damit konfrontierst, reagierst du direkt auf eine bestimmte Situation.

Im Gegensatz dazu kann es bei einem Konflikt entweder um eine bestimmte Situation oder um etwas gehen, das schon länger besteht. Du befindest dich zum Beispiel in einer romantischen Beziehung, in der es häufig zu Streitereien und anderen Schwierigkeiten kommt. In einem solchen Umfeld konfrontierst du deinen Partner oder deine Partnerin vielleicht nicht mit der Angelegenheit, sondern lebst in einem ständigen Konflikt. Das kann unglaublich schwierig sein und Schattenmaterial hervorbringen.

Dein Verhältnis zu Konflikten wird von deiner Lebensgeschichte beeinflusst; manche Erfahrungen aus der Vergangenheit können in die unbewussten Bereiche deiner Psyche verdrängt worden sein. Wenn du in einem missbräuchlichen Haushalt aufgewachsen bist oder als erwachsener Mensch eine missbräuchliche Beziehung erlebt hast, versuchst du vielleicht bewusst, ähnliche Dynamiken in Zukunft zu vermeiden. Wenn du dich als erwachsener Mensch jedoch in einer ähnlichen Dynamik befunden hast, ist es wahrscheinlich, dass das Schattenmaterial versucht, eine Gelegenheit zu schaffen, um vergangene Verletzungen zu lösen.

Andererseits können Gefühle der Unsicherheit oder des geringen Selbstwerts dazu führen, dass du notwendige Konflikte und

Problemlösungen vermeidest. Das kann daran liegen, dass du das Gefühl hast, das Problem, das vor dir liegt, nicht lösen zu können oder nicht lösen zu sollen.

Grundsätzlich ist es wichtig zu wissen, dass Konflikte schwierig sind und ziemlich anstrengend sein können. Das kann dazu führen, dass du immer wieder an deiner Fähigkeit zweifelst, einen Konflikt zu bewältigen und zu überleben, wenn er auf deiner Türschwelle steht. Nimm dir einen Moment Zeit, um deine Erfahrungen mit Konflikten und deren Lösung mit den folgenden Fragen zu erkunden.

REFLEXIONSFRAGEN

Denke an eine Zeit in deinem Leben, in der du das Gefühl hattest, mit jemandem im Konflikt zu sein. Wenn du dir diese Zeit jetzt wieder vorstellst, welche Gefühle oder Empfindungen kommen bei dir hoch? Kannst du diese Empfindungen in deinem Körper nachempfinden?

Welche Rolle haben Konflikte in deinem Leben gespielt? Gibt es Momente in deiner Herkunftsfamilie, in deiner Freundesgruppe oder in deiner Liebesbeziehung, die für dich bedeutsam sind?

Was glaubst du, wie sich diese früheren Erfahrungen auf dich und darauf ausgewirkt haben, wie du auf Konflikte reagierst? Was glaubst du, welche Bereiche davon zu einem Teil deines Schattenselbst geworden sind?

AFFIRMATIONEN

Ich tue mein Bestes, um besser auf Konflikte in meinem Leben zu reagieren.

Ich kann meine Stimme nutzen, um für mich einzutreten und Maßnahmen zu ergreifen, um Konflikte zu bewältigen.

Ich befähige mich, Konflikte in Zukunft mutiger und entschlossener anzugehen.

ERFORSCHE DAS STÄNDIGE BESCHÄFTIGTSEIN

Sei fleißig. Sei produktiv. Finde die besten Wege, um deine Zeit und Energie zu optimieren. Probiere dieses Tool zur Zeitplanung aus! Minimiere die Ablenkung mit diesen Tipps, und du wirst alles schaffen!

Kommt dir etwas davon bekannt vor? Es scheint, als hätten wir heutzutage alle einen inneren Dialog, der uns dazu drängt, produktiver zu sein, mehr zu erreichen und immer weiterzuarbeiten. Du drängst dich selbst dazu, noch die letzte E-Mail abzuschicken oder den nächsten Punkt auf deiner Aufgabenliste abzuhaken. Wenn du dich endlich dazu entscheidest, einen Moment innezuhalten, hast du vielleicht das Gefühl, dass du etwas erreicht hast, oder du siehst nur all die anderen Dinge, die du noch erledigen musst, und fühlst dich niedergeschlagen, hoffnungslos oder wertlos.

Beschäftigt zu sein, bezieht sich jedoch nicht nur auf Dinge, die traditionell Produktivität erfordern, wie Arbeit und andere Aufgaben. Es ist auch nicht ungewöhnlich, dass du deinen Terminkalender bis zur emotionalen oder körperlichen Erschöpfung mit Sport oder mit gesellschaftlichen Veranstaltungen füllst. Du musst beschäftigt bleiben. Du musst weitermachen. Aber warum?

Vielleicht ertappst du dich dabei, dass du in Gesprächen mit anderen von »vielen To-dos« redest und etwas sagst wie: »Ich hab im Moment so viel zu tun!« Oder: »Ich weiß nicht, ob ich die Zeit dafür habe.« Das sind gängige Phrasen, aber was bedeutet es wirklich für dich, beschäftigt zu sein?

Du siehst es vielleicht als ein Zeichen von Status oder Leistung: Wer viel tut, schafft mehr und verdient mehr Geld. Oder du fühlst dich oft unter Druck gesetzt, mehr zu leisten: Wenn du nicht mehr tust, stimmt vielleicht etwas nicht mit dir. Was versucht dein Unterbewusstsein dir mitzuteilen, wenn du von einem Termin zum nächsten hetzt, von einem gesellschaftlichen Ereignis zu einer Aufgabe oder Hausarbeit? Was übersiehst du?

Wenn wir an unsere Schattenanteile denken, kommen uns meist negative Gedanken und Gefühle in den Sinn – die abgründigen Anteile unserer Psyche. Wenn wir aber an unsere Geschäftigkeit denken, zeigen wir (kollektiv) unseren Eifer wie ein Ehrenabzeichen. Wenn fleißig zu sein bedeutet, im Licht der Produktivität zu leben, bedeutet es dann nicht, von der Dunkelheit des Schattens umhüllt zu sein? Was passiert dann?

Für viele bedeutet beschäftigt zu sein oft auch, Gutes zu tun, vielleicht sogar gut zu sein. Könnte das auch auf dich zutreffen? Sicher, es kann toll sein, Dinge zu tun und Verantwortung zu übernehmen. Aber was ist, wenn die Beschäftigung auch ein Deckmantel für andere Wahrheiten ist, die du zu vermeiden versuchst?

REFLEXIONSFRAGEN

Inwiefern glaubst du an das Konzept von stressiger Betriebsamkeit oder schätzt sie? Woher weißt du, wann du genug getan hast? Wo ist die Grenze zwischen »zu beschäftigt« und »produktiv genug«?

Was passiert, wenn du nicht so beschäftigt bist? Gibt es bestimmte Gedanken oder Gefühle, die bei dir auftauchen? Was will dir dein Schatten vielleicht sagen?

Auf welche Weise macht dich die Beschäftigung sichtbar? Inwiefern kann sie dir helfen, dich zu verstecken?

Könnte die ständige Beschäftigung dich davon abhalten, dich liebevoll und sanftmütig zu behandeln? Welches versteckte Material könnte diese Denkweise beeinflussen?

AFFIRMATIONEN

Beschäftigt zu sein, macht mich nicht wertvoller.

Ich bin gut, ganz und wertvoll, so wie ich bin.

Ich kann mir Zeit nehmen, um Freude zu erleben, auch jenseits jeglicher Leistung.

ERFAHRE MEHR ÜBER DIE BINDUNGSTHEORIE

So wie die Schattenarbeit oft die Erforschung des inneren Kindes beinhaltet, kommt auch die Bindungstheorie häufig zur Sprache, wenn du dich selbst und deine Beziehungen besser verstehen willst. Die Bindungstheorie kann dir eine Grundlage bieten, um besser zu verstehen, wie und warum du in deinen Beziehungen so reagierst, wie du es tust. Die Bindungstheorie ist keine perfekte Theorie und die Sozialwissenschaft hat berechtigte Fragen, wenn es darum geht, die Bindungstheorie auf romantische Beziehungen von Erwachsenen anzuwenden. Dennoch kann sie eine Grundlage bieten, mit deren Hilfe du dich selbst noch besser kennenlernen kannst.

Die Bindungstheorie wurde vom Psychoanalytiker John Bowlby entwickelt. Er wollte besser verstehen, was hinter unseren Gefühlen von Nähe und Intimität zu unseren Mitmenschen steckt. Seine Arbeit konzentrierte sich auf die Beziehung zwischen der Hauptbezugsperson (oft die biologische Mutter) und dem Kind. In seiner frühen Arbeit und in der Arbeit seiner Vorgänger zur menschlichen Bindung wurde Bindung als ein evolutionärer Prozess betrachtet, durch den Säuglinge und Kinder ihr Überleben sichern konnten. Die frühen Theorien basierten auf der Vorstellung, dass unsere Bindung an die Mutter allein auf deren Fähigkeit zurückzuführen ist, körperliche Nahrung (Milch) und körperlichen Schutz zu bieten, um zu überleben. Mit der zunehmenden Erforschung der Bindung entstand eine neue Theorie: Diese Bindungen entstehen nicht nur aufgrund der grundlegenden Überlebensbedürfnisse, sondern werden auch stark von psychologischer und emotionaler Fürsorge beeinflusst. Spätere Theorien besagen, dass wir uns an Eltern gebunden fühlen, die nicht nur auf unsere körperlichen, sondern auch auf unsere emotionalen Bedürfnisse eingehen. Dies wurde durch die Experimente der Psychologin Mary Ainsworth in den 1970er-Jahren nachgewiesen.

Diese frühen Erkenntnisse trugen zur Entwicklung von drei grundlegenden Bindungsstilen bei: sicher, unsicher-ängstlich und unsicher-vermeidend. Spätere Forschungen führten zusätzlich den desorientierten (ängstlich-vermeidenden) Typus ein. Wenn du mit der Forschung in diesem Bereich nicht vertraut bist, kannst du in Anhang B mehr darüber erfahren.

Wenn du im Zuge der Schattenarbeit deinem inneren Kind begegnest, ist es wahrscheinlich, dass du verdrängte Gefühle aufdeckst, die du als Kind nicht anerkennen und lokalisieren konntest. Wenn du dir über die Erfahrungen und Bedürfnisse klarer wirst, die du als Kind hattest, bekommst du Einblick in deinen Bindungsstil und entdeckst verwundbare Stellen, die der Heilung bedürfen.

REFLEXIONSFRAGEN

Nimm dir einen Moment Zeit, um über die Bindungsstile und die Arbeit mit dem inneren Kind nachzudenken, die du bisher gemacht hast. Sind Themen wie Sicherheit oder mangelnde Sicherheit in Beziehungen aufgekommen? Welcher Bindungsstil passt am besten zu dir? Suchst du oft nach Beziehungen oder meidest du sie? Fühlst du dich die meiste Zeit verwirrt oder ängstlich oder ruhig und zuversichtlich (besonders in der Anfangsphase einer Beziehung)?

Welche früheren Erfahrungen kommen dir in den Sinn, wenn du darüber nachdenkst, wie deine primären Bezugspersonen, vermutlich deine Eltern, auf deine Bedürfnisse reagiert haben?

Welche anderen Bindungsverletzungen hast du erlebt (aber vielleicht vergessen), als du als Teenager und junger Erwachsener anfingst, romantische und intime Beziehungen einzugehen? Wie haben sich diese Beziehungen für dich angefühlt?

AFFIRMATIONEN

Meine Erfahrungen in der frühen Kindheit sind prägend, müssen aber nicht meine zukünftigen Beziehungen bestimmen.

Ich kann mich mit Bindungsverletzungen, die ich durch meine Schattenarbeit erfahren habe, auseinandersetzen und sie aufarbeiten.

Ich habe die Fähigkeit, in tiefer Verbindung mit mir selbst und anderen zu heilen.

KÜMMERE DICH UM DEIN INNERES KIND

Wie du vielleicht einigen der vorherigen Impulse entnommen hast, ist die Erforschung des inneren Kindes ein wichtiger Teil der Schattenarbeit. Ein großer Teil der Arbeit mit dem Schattenmaterial hängt mit frühen Lebenserfahrungen zusammen, denn in jungen Jahren stützt du dich oft auf Verdrängung und bist nicht so dynamisch, wenn es darum geht, der Welt um dich herum einen Sinn zu geben. Nachdem du nun den Kontakt zu deinem inneren Kind hergestellt hast, kannst du den nächsten Schritt machen und erforschen, wie es sein könnte, dieses innere Kind »nachzubeeltern«.

Das Reparenting, im Deutschen auch als Nachbeeltern bezeichnet, ist der Prozess, durch den du lernst, dein inneres Kind zu pflegen und zu nähren. Dies basiert auf der Erkenntnis, dass du als weiterentwickelter erwachsener Mensch (mit größerem Selbstbewusstsein und konkreterer Sprache) einige der Lücken füllen kannst, die deine primären Bezugspersonen in deinen jüngeren Jahren vielleicht nicht so gut gefüllt haben. Reparenting bedeutet, eine liebevolle Beziehung zu deinem inneren Kind aufzubauen und ihm die Liebe und Freundlichkeit zu geben, von der du spürst, dass du sie noch brauchst. Diese Arbeit ist keine Anklage gegen die Elternschaft. Es ist ein Akt der Selbstliebe, der versucht, die Lücken zu füllen, die du vielleicht spürst, wenn du auf deine jüngeren Jahre zurückblickst.

Für die meisten selbstbewussten Erwachsenen kann es schwierig sein, eine tiefe Verbindung zu ihrem inneren Kind herzustellen. Das Ego stellt sich gerne mal in den Weg und sagt dir, dass die Arbeit mit dem inneren Kind albern ist oder dass du nur »dramatisierst«. Manchmal ist es auch dramatisch, manchmal mag es sich albern anfühlen – aber das macht die Gefühle, die du hast, nicht weniger wahr oder weniger heilungsbedürftig.

Das innere Kind ruht im Schatten, normalerweise außerhalb des täglichen Bewusstseins. Es wird aktiviert, wenn es getriggert wird. Das innere Kind kann ungestüm, bedürftig oder sogar aggressiv und manipulativ sein. Es neigt dazu, impulsiv zu handeln, ohne Rücksicht auf die Bedürfnisse anderer. Wenn es getriggert wird, sucht das innere Kind nach Unterstützung, Fürsorge und Sicherheit. Jetzt, als erwachsene Person, hast du mehr Möglichkeiten, deinem inneren Kind zu geben, was es braucht.

Wenn du dich daranmachst, Reparenting durchzuführen, wirst du wahrscheinlich feststellen, dass du all diese selbstsüchtigen, bedürftigen Tendenzen ablehnst. Vertraue darauf, dass du erfolgreich Wege finden kannst und wirst, mit deinem inneren Kind in Kontakt zu bleiben und auf seine Bedürfnisse zu hören, während du es gleichzeitig in dein tägliches Leben mit den Menschen integrierst, die dir am wichtigsten sind. Sich um sich selbst und seine Bedürfnisse zu kümmern, ist nicht egoistisch – es ist notwendig. Deinem inneren Kind die Aufmerksamkeit und Fürsorge zu geben, die es braucht, bedeutet, dich selbst zu lieben und zu heilen. Erlaube dir, diesem inneren Kind Aufmerksamkeit zu schenken, wenn es aktiviert und aufgewühlt ist, während du einfach nur beobachtest und das aufsteigende Schattenmaterial wahrnimmst.

REFLEXIONSFRAGEN

Was glaubst du, wie gut es deinen Eltern gelungen ist, dir die Fürsorge und Aufmerksamkeit zu geben, die du brauchtest? Wann hättest du dir mehr Fürsorge gewünscht und welche Wunden sind geblieben?

Die meisten von uns haben eine Art vorgefertigtes Drehbuch, das bei der Arbeit mit dem inneren Kind aktiviert wird und in dem Dinge stehen wie: »Niemanden kümmert es, wie ich mich fühle.« Welche Gedanken tauchen bei dir derzeit häufig auf? Nimm dir einen Moment Zeit, um zu überlegen, ob es hier dein inneres Kind ist, das da spricht.

Beim Reparenting tust du oft Dinge, die Kinder normalerweise tun, wenn sie aufgewühlt sind. Du nimmst dir beispielsweise eine Auszeit, gehst einer angenehmen Aktivität nach, bittest um eine Umarmung und so weiter. Welche Möglichkeiten kannst du nutzen, um dein inneres Kind nachzubeeltern? Schreibe einige Ideen auf.

AFFIRMATIONEN

Mein inneres Kind wird aktiviert, wenn ich mich in Alltagssituationen getriggert fühle.

Dass ich mich um meine Bedürfnisse kümmere, ist nicht selbstsüchtig. Es ist notwendig.

Wenn ich mir Zeit nehme, mit meinem inneren Kind zu kommunizieren, kann ich mich besser um mich kümmern und heilen.

SETZE DICH MIT EINSAMKEIT AUSEINANDER

Wie du den vorangegangenen Übungen in diesem Buch vielleicht entnommen hast, bedeutet Schattenarbeit oft, sich mit unangenehmen Gefühlen auseinanderzusetzen, sie besser zu verstehen und Raum für sie in unserem Leben zu schaffen. Das gilt auch für den Umgang mit Einsamkeit.

Physisch allein zu sein und sich allein zu fühlen, sind zwei sehr unterschiedliche Erfahrungen. Das erste ist ein körperlicher Zustand – die Feststellung, dass niemand um dich herum ist. Das zweite ist das Gefühl, von den anderen Menschen um dich herum getrennt zu sein, fast so, als würdest du dich allein durch dein Leben bewegen. Für dieses Gefühl ist es schwierig, Raum zu schaffen, denn es kann schmerzhaft und beängstigend sein. Es ist ein großes, existenzielles Gefühl.

In gewisser Weise bist du immer allein. Nur du kannst die Vorgänge in deiner inneren Welt vollständig verstehen, was vielen Menschen allerdings schwerfällt. Dieses Problem ist weitverbreitet, deshalb ist es gut, wenn du nach Gelegenheiten zur Selbstreflexion suchst, zum Beispiel mithilfe dieses Buches. Du kannst auch versuchen, dich in Gedichten, Geschichten und anderen Kunstwerken widerzuspiegeln. Diese Dinge helfen dir, dich mit dir selbst, mit anderen Menschen und mit dem kollektiven Bewusstsein zu verbinden. Das schafft Verbindung und hilft dir, mit der Erfahrung des Alleinseins umzugehen.

Existenzielles Alleinsein fühlt sich oft zu groß und zu schwer an, um es zu bewältigen. Vielleicht denkst du, dass es zu schmerzhaft ist, dieser Erfahrung Raum in deinem Leben zu geben. Denn wenn du dir eingestehst, wie allein du bist, wirst du dich vielleicht nicht mehr erholen können. Das Leben könnte sich sinnlos anfühlen und noch schwieriger zu bewältigen sein.

Die Ironie ist jedoch, dass du auf eine gewisse Art und Weise nie wirklich allein bist. Du kannst natürlich physisch allein in einem Raum sein. Du kannst ohne Eltern, Familie oder geliebte Menschen sein, aber diese Art von Alleinsein ist nicht ewig. Selbst wenn du jetzt allein bist, hast du auch Erfahrungen gemacht, in denen du eine sinnvolle Verbindung mit einem anderen Wesen gespürt hast – und dabei ist es egal, ob dieses andere Wesen ein Mensch oder ein Tier war. Beziehungen können natürlich auch unerfüllt sein und Probleme bereiten, doch wir alle haben Erfahrungen gemacht, in denen wir mit jemandem verbunden waren – egal, ob sie gut oder schlecht waren. Selten sind Beziehungen entweder das eine oder das andere; meist sind sie eine komplexe Dynamik aus beidem, Freude und Leid. In diesen Erinnerungen hast du immer eine Verbindung.

Auch an anderen Stellen hast du Zugang zu anderen Formen von Beziehungen. Du hast Erinnerungen und Verbindungen zu Figuren in der Kunst, die dir vermitteln können, wie es ist, wirklich ein Mensch und verbunden zu sein, und wie es ist, dies zu fühlen.

Trotzdem gibt es Zeiten, in denen du dich allein fühlst. Das kann fast unerträglich und schwer zu bewältigen sein. Vielleicht betäubst du das Gefühl mit Drogen oder nutzt andere Strategien, die nicht gesund für dich sind. Was wäre, wenn du dir erlauben würdest, dich mit diesem Gefühl des Alleinseins zu verbinden und die Tiefe dieses Schattens anzuerkennen? Könnte diese Anerkennung zu einer neuen Leichtigkeit oder einem neuen Verständnis für die Bedeutung von Verbundenheit in deinem Leben führen?

REFLEXIONSFRAGEN

Hast du schon einmal erlebt, wie es ist, sich allein zu fühlen? Wie war das für dich und wie bist du damit umgegangen?

Welche Dinge oder Menschen in deinem Leben (heute oder früher) haben dir geholfen, dich weniger allein zu fühlen?

Wie kannst du in Zukunft reagieren, wenn du dich allein oder isoliert fühlst?

AFFIRMATIONEN

Allein sein und sich allein fühlen sind zwei verschiedene Erfahrungen.

Es ist normal, sich manchmal allein zu fühlen, auch wenn ich körperlich nicht allein bin.

Alleinsein ist ein normaler Teil des Menschseins. Wenn ich mich einsam fühle, kann ich auf vergangene Verbindungen zurückblicken, darin neue Bedeutungen entdecken und die Verbindung zu anderen fördern.

BESCHÄFTIGE DICH MIT SEXUELLER INTIMITÄT

Neben dunkleren Gedanken und Gefühlen wie Wut, Zorn, Depression und Scham finden sich in den Tiefen unseres Schattenselbst oft auch gesellschaftlich tabuisierte Themen wie Sex und Sexualität. Jede Kultur hat ihr eigenes Verständnis und ihre eigene Auffassung davon, was sexuelle Intimität ist und was sie darstellt. Die Normen der jeweiligen Gesellschaft in Bezug auf sexuelle Intimität sind in der Gemeinschaft oft weitverbreitet. Diese Botschaften und Normen werden zu einem Teil unseres Lebens, vor allem in der Lebensphase ab unserer Pubertät. Eltern und andere Autoritätspersonen (wie religiöse Persönlichkeiten und Erziehungspersonen) sind meist die ersten, die uns vermitteln, was Sex und Sexualität bedeuten. Zusätzlich erhalten wir Informationen von Gleichaltrigen und anderen Quellen wie den Medien.

Einige Kulturen sehen sexuelle Intimität nur als Mittel zum Zweck der Fortpflanzung, während andere eine größere Bandbreite an Möglichkeiten für Sex und Lust anerkennen. Unabhängig davon, aus welcher Kultur du kommst, ist es für viele Menschen nicht ungewöhnlich, dass Sex und Sexualität in irgendeiner Form in ihrem Schatten existieren. Zudem hat es im Laufe der Geschichte Sex-Shaming in verschiedenen Formen gegeben.

Sexuelle Intimität und Sexualität wurden lange Zeit in allen Kulturen und in der Geschichte kontrolliert, obwohl dokumentiert ist, dass schon immer eine Vielzahl von sexuellen Identitäten, Aktivitäten und Wünschen existiert hat. Wenn du in einer sozial unterdrückten Gesellschaft lebst, können das Feedback und die Beschämung rund um die Sexualität schon in jungen Jahren besonders stark sein.

Zu sexueller Intimität und Sexualität gehört auch, dass du etwas über deinen Körper, seine Funktionsweise und dein Verhältnis zu

Lust und deinen Fantasien erfährst. Allerdings ist es relativ selten, dass Menschen (vor allem in den westlichen Industrieländern, aber auch in anderen Teilen der Welt) eine umfassende Aufklärung darüber erhalten, was es bedeutet, sexuell zu begehren und begehrt zu werden. Das bedeutet oft, dass sexuelle Intimität zu einem Tabuthema wird, über das nicht gesprochen wird.

Die Botschaft ist zwar indirekt, aber klar. Sexuelle Intimität und Sexualität sind Dinge, über die man entweder gar nicht oder nur unter ganz bestimmten, privaten Umständen und Situationen reden sollte. Nach dieser Philosophie sollte Sexualität unterdrückt werden. Du darfst nur mit dem einen Partner, den du gesellschaftlich begehren darfst, über Sex sprechen. Deine Sexualität muss in den privatesten Teilen deiner selbst existieren. Du musst deine Sexualität genießen, aber nur im Dunkeln, sowohl im wörtlichen als auch im übertragenen Sinne.

Diese Art der Beziehung zur Sexualität erzeugt Scham. Sie kann dazu führen, dass du dich als schlecht ansiehst, weil du sexuelle Wünsche hast. Und jedes Mal, wenn du diesen tabuisierten Impulsen nachgehst (oder auch nur daran denkst), fühlst du dich schuldig. Das kann dazu führen, dass deine Beziehung zu Sex und Sexualität komplizierter und verworrener ist, als sie sein müsste.

Wenn du durch die Integration deines Schattens Raum schaffst, um dich und deine Wünsche freier zu sehen, kannst du anfangen, das Schweigen und die Scham zu reduzieren. Du kannst mehr Freiheit in deinen Wünschen erfahren, egal, ob du dich entscheidest, sie umzusetzen, oder nicht. Durch die Schattenarbeit kannst du dich als normales, sexuelles Wesen entwickeln und akzeptieren.

REFLEXIONSFRAGEN

Welche Botschaften hast du im Laufe deines Lebens über sexuelle Intimität und Sexualität gehört? Waren diese Botschaften umfassend und ermutigend? Oder restriktiv und einschränkend?

....

....

....

....

....

....

....

....

Wie würdest du dein derzeitiges Verhältnis zu sexueller Intimität beschreiben?

....

....

....

....

....

....

....

....

Welche Interessen oder Wünsche hast du, die sich zu bedrohlich oder abnormal anfühlen, um sie mit jemandem zu teilen?

Wie kannst du anfangen, Selbstmitgefühl für deine Wünsche und Fantasien zu entwickeln, egal, ob du sie auslebst oder nicht?

AFFIRMATIONEN

Meine Sexualität gehört
mir und mir allein.

Meine Begierden können ohne
Angst oder Scham existieren.

Ich kann meinen Gefühlen und
Fantasien Raum geben, egal, ob ich
sie ausleben möchte oder nicht.

ERFORSCHE DEINE KREATIVITÄT

Auch wenn wir oft über die Schattenseite als Rückzugsort für alles Dunkle und Unschöne sprechen, beherbergt sie auch die schönen Seiten von dir. Die Tiefe der Gefühle, die im Schatten existieren, bedeutet, dass er auch ein schönes, kreatives Potenzial birgt.

Die Sublimierung ist, wie Sigmund Freud beschrieb, ein Abwehrmechanismus, mit dem wir inakzeptable Gedanken und Gefühle in gesellschaftlich angemessenere Aktivitäten und Bewältigungsformen umwandeln. Dies erfordert, dass du kreativ bist. Das geht über das hinaus, was du dir wahrscheinlich unter Kreativität vorstellst – zum Beispiel kreative und expressive Künste. Angesichts der Besonderheit der Sublimierung ist die Verbindung zur Schattenarbeit leicht zu erkennen. Auch wenn der Umgang mit Schattenmaterial oft mit Vermeidung und Verdrängung einhergeht, kann er auch kreativ und transformativ sein.

Es ist nicht ungewöhnlich, dass Musikerinnen und Musiker Erinnerungen an schmerzhafte Beziehungen und andere dunkle Zeiten in ihrem Leben in schöne Lieder verwandeln. Manchmal sind diese Lieder voller Wut und offensichtlichem Herzschmerz. Das sind Beispiele für die Sublimierung von tiefem Beziehungsschmerz in zugängliche, nachvollziehbare Schönheit, an der sich auch der Rest der Welt erfreuen kann.

Aber du musst kein preisgekrönter Musiker oder auf sonstige Weise kreativer Mensch sein, um Sublimation und Kreativität zu erleben. Jeder Mensch nutzt die Sublimation auf unterschiedliche Weise, was bedeutet, dass auch du die Möglichkeit zur Kreativität hast. Diese Kreativität kann ein Mittel sein, um Zugang zu tieferen, unterbewussten Gedanken und Gefühlen zu bekommen.

Denke einmal an das letzte Mal, als du sehr wütend auf jemanden warst. Nehmen wir an, du bist mit dem Auto auf der Straße gefahren und bist von einem rücksichtslosen Fahrer in einen Verkehrsunfall verwickelt worden. Natürlich warst du wütend. Aber anstatt aus dem Auto auszusteigen und dich zu prügeln oder das andere Auto von der Straße zu drängen, hast du vielleicht laut vor dich hin geflucht und ganz laute Musik aufgedreht, um deine Wut mitzuschreien und rauszulassen. Das ist eine kreative Lösung, um mit überwältigender Wut und Frustration umzugehen. Du kannst deine Wut ausleben und ausdrücken, ohne dir oder anderen Schaden zuzufügen. Das ist Sublimation.

Vielleicht hast du aber auch gerade einen schweren Kampf gegen den Krebs hinter dir. Du nimmst dir etwas Zeit, um deine Gefühle zu verarbeiten, aber dann richtest du deine Energie darauf, mehr Raum für andere Krebspatienten zu schaffen, damit sie gedeihen und heilen können. Du nutzt deinen Schmerz und deine Erfahrungen, um andere zu unterstützen und ihnen zu helfen. Auch das ist Sublimation.

Beides sind Beispiele für die Kreativität, die jeder in sich trägt. Wir sind alle geborene Schöpfer, wenn wir es zulassen. Manche Menschen halten an ihrer Fähigkeit fest, bewusst kreativ zu sein, aber viele werden für andere Beschäftigungen entlohnt (die du vielleicht sogar sehr magst). Das führt dazu, dass du dich mit zunehmendem Alter nicht mehr als kreatives Wesen siehst. Du vergisst, dass du immer kreativ bist. Kreativität und Sublimation sind großartige Möglichkeiten, um an Schattenmaterial heranzukommen, ganz gleich, ob du diese Kreativität nur für dich selbst nutzt oder ob du damit Kunst zur Freude deiner Mitmenschen machst.

REFLEXIONSFRAGEN

Wenn du dich an deine Kindheit zurückerinnerst, was hast du am liebsten gemacht, um deine Fantasie auszuleben?

Erkennst du bei dir, auf welche Weise du in deinem Leben immer noch kreativ bist?

Welche Möglichkeiten der Sublimierung gibt es in deinem Leben, die dir helfen, mit schwierigen Lebensumständen oder Erfahrungen umzugehen?

Wie könntest du in Zukunft Kreativität (oder sogar Spiel) bewusster in dein Leben einbauen? In welcher Form könnte diese veränderte Sichtweise auf Kreativität für dich zugänglich sein?

AFFIRMATIONEN

Alle Menschen sind fantasievolle Wesen mit der Fähigkeit, etwas zu erschaffen.

Oft schaffen wir etwas, indem wir eine negative Erfahrung sublimieren und in eine positivere Erfahrung umwandeln.

Es ist nicht nötig, mir und meiner Kreativität selbst Grenzen aufzuerlegen.

BELEUCHTE DEINE UNSICHERHEIT

Jeder hat mindestens einen Teil an sich, den er nicht mag. Wir alle haben Unsicherheiten. Vielleicht bist du wegen deines Aussehens unsicher. Vielleicht hast du Schuld- oder Schamgefühle wegen früherer sexueller Erfahrungen. Vielleicht kämpfst du darum, in deinem Berufsleben neue Erfolge zu erzielen, weil du glaubst, den Herausforderungen nicht gewachsen zu sein.

Es ist wahrscheinlich, dass du mit mehr als einer Unsicherheit in mehr als einem Bereich zu kämpfen hast. Das ist bei vielen Menschen so. Wie du vielleicht schon aus anderen Abschnitten in diesem Buch erfahren hast, ist das, was im Schatten existiert, oft nur das Ergebnis: Du hast die Botschaft verinnerlicht, dass es Dinge in dir gibt, die du unterdrücken oder verstecken musst, um akzeptabel zu sein. Das kann sowohl dein oberflächliches Selbst (dein äußeres Erscheinungsbild) als auch tiefere Teile deines Selbst betreffen (zum Beispiel wie du Beziehungen führst oder bei der Arbeit auftrittst).

Du wirst vielleicht feststellen, dass du hart daran arbeitest, die weniger wünschenswerten Seiten an dir vor anderen zu verbergen. Du versteckst vielleicht deine Unsicherheiten, um sicherzustellen, dass du mit den anderen Menschen um dich herum mithalten kannst. Du willst, dass andere dich für gut genug und würdig genug halten, auch wenn du selbst nicht von deinem Wert überzeugt bist. Die Ironie dabei ist, dass du hart daran arbeitest, deine Unsicherheit vor anderen zu verbergen, während sie genau dasselbe tun. Das führt zu einer kontrollierten, oberflächlichen Dynamik in Beziehungen. Aufgrund deiner Unsicherheit versuchst du verzweifelt zu vermeiden, wirklich gesehen zu werden, während du dich gleichzeitig danach sehnst, vollständig gesehen und akzeptiert zu werden.

Wenn du verzerrte Bilder von dir selbst verinnerlichst, kann es passieren, dass du dich zu sehr auf die Dinge konzentrierst, von denen du denkst, dass sie dich unzulänglich machen. Ein schiefes Lächeln wird zum Beweis dafür, wie unattraktiv du bist. Eine schmerzhafte Beziehungsgeschichte bedeutet, dass du für jeden, der dich kennenlernt, beschädigte Ware bist. Wenn du zu dick für die Modelgrößen bist, heißt das, dass du es nicht verdienst, dich schön zu fühlen. Das alles führt dazu, dass du in deinen Beziehungen sehr darum bemüht bist, deine Unsicherheiten und Schmerzen zu verbergen. Du verhältst dich vielleicht oberflächlich, um zu verhindern, dass andere oder sogar du selbst die Realität deines Schattenselbst wahrnehmen. Du willst gesehen und akzeptiert werden, gleichzeitig versteckst du dich aber auch regelmäßig, um nicht weiter verurteilt zu werden und psychischen Schaden zu erleiden. Dieses Verstecken ist zugleich Selbstschutz und Selbstmissbrauch, da du dir selbst mitteilst, wie unwürdig du bist, wirklich gesehen zu werden. Aber du verdienst etwas Besseres als das.

Dich zu verstecken, kann ziemlich effektiv sein, auch wenn es nicht nachhaltig ist. Wenn du deine Unsicherheiten leugnest oder versteckst, kannst du sie emotional umgehen. Wenn du Probleme hast, baust du emotionale Mauern auf, die dem Rest der Welt sagen: »Nein, mir geht es gut, wirklich!« Schnell werden diese Unsicherheiten zu einem lästigen Kreuz, das du tragen musst. Und schließlich dringen sie tiefer in dein Unterbewusstsein ein und ermöglichen es dir, dich von deinen eigenen Täuschungen zu überzeugen und damit zufrieden zu sein. Das funktioniert, wenn auch nur vorübergehend, bis eine unvorhergesehene Situation eintritt, die diese Schattenunsicherheiten reaktiviert und das Kunstgebilde, das du für dich geschaffen hast, zum Einsturz bringt. Dann wirst du wieder mit diesen Unsicherheiten konfrontiert.

Aber wenn du bewusst Raum für sie schaffst, kannst du lernen, mitfühlend mit deinen Unsicherheiten zu leben.

REFLEXIONSFRAGEN

Wie macht sich Unsicherheit in deinem Leben bemerkbar? Welche Verhaltensweisen oder Handlungen könnten deiner Meinung nach durch deine persönliche Unsicherheit ausgelöst werden?

Welche Situationen aus deiner Vergangenheit haben deiner Meinung nach diese Unsicherheit verursacht oder beeinflusst? Wie könnten sie miteinander verbunden sein?

In welchen Lebensbereichen (Arbeit, Schule, Liebesbeziehungen und so weiter) kommen deine Unsicherheiten am häufigsten zum Vorschein?

Gibt es Möglichkeiten für weitere Heilung und Selbstakzeptanz, die du jetzt in Betracht ziehst? Wie könntest du dir selbst und deinen Unsicherheiten mehr Freundlichkeit entgegenbringen?

AFFIRMATIONEN

Ich kann mit einem Teil von mir unzufrieden sein und habe trotzdem Liebe, Fürsorge und Mitgefühl verdient.

Meine Unsicherheiten werden von meiner Vergangenheit bestimmt. Ich werde daran arbeiten, ihre Auswirkungen auf meine Zukunft zu minimieren.

Meine Schmerzen und Unsicherheiten sind eine Chance für Wachstum und Heilung.

VERARBEITE VERLUSTE

Trauer und Verlust sind normale Bestandteile des Lebens. Dennoch behandeln wir diese Erfahrungen und die damit verbundenen Gefühle nicht immer als normal und akzeptabel. Und genau diese Ablehnung macht es notwendig, dass wir auch Verluste in der Schattenarbeit verarbeiten.

Es ist nicht ungewöhnlich, dass Trauer und Verlust bei der Schattenarbeit immer wieder auftauchen, denn im Laufe deines Lebens wirst du wahrscheinlich immer wieder mit ihnen konfrontiert. So ist es gut möglich, dass du mit zunehmendem Alter den Verlust geliebter Menschen oder Haustiere erlebst und dass es dir schwerfällt, diese Verluste zu bewältigen. Wahrscheinlich hast du auch andere schwere Verluste erlebt, etwa wenn eine Beziehung zu Ende ging, du ein bestimmtes Ereignis oder eine Erfahrung verpasst, die du dir erhofft hattest, du einen Gegenstand verloren hast, der dir viel bedeutet hat, oder du einfach erwachsen geworden bist und deine Kindheit hinter dir gelassen hast. Auch wenn sich keines dieser Beispiele wie das andere anfühlt, kann jede dieser Erfahrungen schmerzhaft und tiefgreifend sein. Vielleicht weißt du das, gibst diesen Verlustgefühlen aber nicht genügend Raum, um sie zu verarbeiten. Manchmal vermeiden wir diese Gefühle, weil wir befürchten, dass es zu viel ist, sie zu durchleben, oder weil wir gelernt haben, dass die Verarbeitung von Verlusten auf eine bestimmte Art und Weise aussehen oder sich an einen unrealistischen Zeitplan halten muss, der von gesellschaftlichen und kulturellen Normen bestimmt wird.

Du siehst jeden Tag in den Nachrichten und im Internet Beiträge zum Thema Verlust. Vielleicht sprichst du auch in der Therapie oder in einer spirituellen und religiösen Umgebung über Verlust. Selbst in diesen Bereichen kann es vorkommen, dass du die Auswirkungen von Verlusten in deinem Leben durch Intellektualisierung und spirituelle Weisheiten verharmlost. Du entkräftest ungewollt den Schmerz jedes Verlustes, während du versuchst, dein Leben weiterzuleben.

Man sagt uns immer, dass es einem irgendwann gut genug gehen sollte, um den Schmerz und die Verletzung des Verlustes hinter sich zu lassen und weiterzumachen, weil »gesunde« Menschen das eben so machen. Sogar im Bereich der psychischen Gesundheit wird die Zeitspanne begrenzt, die für die Trauer über einen Verlust angemessen ist – und damit wird die natürliche Erfahrung lebenslanger Trauer in eine Diagnose der Funktionsstörung verwandelt. Infolgedessen ist es für uns ganz normal, den Verlust entweder nur kurz zu spüren und dann weiterzumachen oder zu leugnen, dass er uns überhaupt emotional berührt hat.

Durch den Leistungsdruck, mit dem du den Verlust »bewältigt« hast, werden deine wahren Gefühle in den Schatten verbannt und tauchen oft nur dann wieder auf, wenn sie durch ein bestimmtes Ereignis ausgelöst werden. Du siehst einen Film oder hörst ein Lied, das dich daran erinnert, wen oder was du verloren hast. Selbst wenn du dir dieses kurze Eintauchen in die Trauer erlaubst, wischst du dir vielleicht schweigend die Tränen weg und gehst dann wieder zur Tagesordnung über. Manchmal bist du aber auch mutig genug, dich ganz deiner Trauer zu stellen, nur um dann zu hören, dass du übertreibst. Dann ziehst du dich zurück. Und die Trauer verschwindet erneut im Schatten.

Du kannst lernen, mit dem Verlust und den Gefühlen, die damit einhergehen, zu leben. Du musst deine Gefühle der Trauer nicht nur auf Jahrestage oder Trauerfeiern beschränken. Stattdessen kannst du dir einen Raum schaffen, um mit dem Verlust zu leben, weil du weißt, dass er dir dabei geholfen hat, zu erkennen, wer du bist und wie du in Zukunft leben wirst.

REFLEXIONSFRAGEN

Welche Botschaften hast du in deinem Leben darüber erhalten, wie man mit Verlusten umgeht? Was hast du in deinem Leben als Heranwachsender und bis heute als erwachsener Mensch darüber erfahren, was es bedeutet, Verlust und Trauer zu verarbeiten?

Gibt es Verluste in deinem Leben, für die du nur schwer Raum schaffen konntest? Um wen oder was handelt es sich? Wie fühlt es sich für dich an, wenn du beginnst, dich mit diesen Momenten zu verbinden?

Was würdest du dir wünschen oder was brauchst du, das dich dabei unterstützt, mit der Trauer zu leben?

AFFIRMATIONEN

Verlust ist ein normaler und unvermeidlicher Teil der menschlichen Erfahrung.

Es gibt keinen richtigen Zeitplan für die Verarbeitung meiner Trauer und meines Verlustes.

Ich kann lernen, mit meinem Verlust zu leben.

ENTDECKE DIE BEDEUTUNGEN VON SYMBOLEN

Wie du wahrscheinlich schon gemerkt hast, besteht der Zugang zu deinem Schattenselbst oft darin, kreative Wege zu finden, um die verborgenen Teile deines Selbst freizulegen. Das kannst du mit Übungen tun, die sich auf Dinge wie achtsames Reflektieren, das innere Kind und die Traumanalyse konzentrieren. Dabei kann es notwendig sein, Symbole zu verwenden (sowohl in Träumen als auch bei anderen Dingen), um mehr Einsicht in das zu erlangen, was meist außerhalb deines bewussten Verstandes liegt.

Aus diesem Grund sind Symbole ein wichtiger Bestandteil der traditionellen psychoanalytischen Arbeit. Man geht nämlich davon aus, dass das unterbewusste, also das Schattenmaterial, dem du dich nur schwer stellen kannst, in Form von Symbolen und versteckten Bedeutungen in dein Bewusstsein gelangt. Die Traumanalyse kann sich daher oft wie eine Kombination aus Schnitzeljagd und Logikrätsel anfühlen. Deren Botschaften lassen sich allerdings mithilfe von Symbolen entschlüsseln.

Es gibt sowohl persönliche als auch kollektive Symbole, die du bei der Schattenarbeit berücksichtigen solltest. Persönliche Symbole können Themen oder Motive sein, die in deinem Leben häufig auftauchen – diese Symbole haben wahrscheinlich eine tiefe persönliche Bedeutung. Vielleicht sind sie durch ein bestimmtes Erlebnis in dein Leben getreten (zum Beispiel als du eine Figur zu einem Feiertag geschenkt bekommen hast) und haben später noch mehr Bedeutung bekommen. So könntest du beispielsweise im Laufe der Jahre – ohne viel darüber nachzudenken – Keramik-Elefanten gesammelt haben. Aber was könnten diese Elefanten für dich bedeuten?

Daneben gibt es gemeinsame kollektive Symbole, die sich im Laufe der Geschichte aus Analysen und Bedeutungen ergeben haben. Dunkelheit und Licht sind Symbole, die wir kollektiv für das Böse oder das Gute in der Welt halten. Dieser einfache Gedanke schafft die Verbindung, dass der Schatten eine bedrohliche Kreatur ist, die es zu vermeiden gilt. Im Gegensatz dazu denken wir darüber nach, wie wir Frieden und Erlösung finden, wenn wir »ins Licht gehen«, oder dass jemand Gutes »eine weiße Weste trägt«. Wir geben den Symbolen eine Bedeutung, sodass sie daraufhin unsere Sichtweise prägen.

Über die Gültigkeit anderer Symbole aus der analytischen Theorie lässt sich streiten; wichtiger ist jedoch die Annahme, dass du sie zumindest bis zu einem gewissen Grad als deine eigenen verinnerlicht hast. Als Schöpfer dieser Symbole wird meist Sigmund Freud genannt. In seiner Arbeit ging es häufig um die psychosexuelle Entwicklung und deshalb waren gängige universelle Symbole das Schwert oder der Stock, die einen Phallus/Penis darstellen, eine Höhle oder ein Haus, das eine Vagina repräsentiert, und so weiter.

Die zeitgenössische Traumanalyse geht darüber hinaus und hat meiner Meinung nach einen umfassenderen Ansatz für die Symbolanalyse. Ein Haus kann zum Beispiel für Sicherheit und Geborgenheit stehen. Wenn ein Haus in einem Traum auftaucht, könnte der Zustand des Hauses dafür stehen, wie sicher du dich im Wachleben fühlst. Ein makelloses, gut strukturiertes Haus könnte auf Stabilität hindeuten, während ein Haus mit bröckelndem Fundament bedeuten könnte, dass du glaubst, dass in deinem Leben etwas zutiefst falsch läuft und deine Aufmerksamkeit benötigt. Andere universelle Symbole sind der Tod, der für eine dramatische Veränderung im Leben steht, und die Nacktheit, die bedeutet, dass du dich emotional verletzlich oder bloßgestellt fühlst.

REFLEXIONSFRAGEN

Ich habe in diesem Eintrag ein paar Beispiele für Symbole aufgeführt. Von welchen anderen allgemeinen oder gängigen Symbolen hast du schon häufig gehört? Und was sollen sie darstellen?

Gibt es Symbole oder Themen, die in deinen Träumen (oder sogar im Wachleben) häufig auftauchen?

Welche Eigenschaften oder Vorstellungen könnten diese Symbole für dich darstellen? Wie könnte das mit deinen früheren Erfahrungen und deiner persönlichen Geschichte zusammenhängen?

AFFIRMATIONEN

Jedes Symbol, dem ich begegne, gibt mir Einblick in mein unbewusstes Selbst.

Symbole können sowohl wörtlich als auch sinnbildlich zu verstehen sein. Ich kann meiner Intuition vertrauen, wenn ich die Bedeutung für mich erforsche.

Ich werde Symbole mit Neugier und ohne Vorurteile erforschen.

Die Analyse von Symbolen kann verwirrend sein. Ich muss nicht die »perfekte« Bedeutung finden, damit meine Erkundung wertvoll ist.

VERARBEITE VERPASSTE GELEGENHEITEN

Wenn du eine Enttäuschung erlebst, zum Beispiel eine verpasste Gelegenheit, kann das viele negative Gedanken und Gefühle auslösen. Einige dieser Reaktionen sind typisch, etwa der Wunsch, dass du noch die Chance hättest, die Gelegenheit zu nutzen, während andere tückischer sein können.

Es ist nicht ungewöhnlich, dass eine verpasste Gelegenheit Schattenmaterial zum Vorschein bringt. Das Gefühl der Enttäuschung kann nämlich oft ein starker Katalysator für tiefere Gedanken und Gefühle sein, die an die Oberfläche gelangen. Dieses Schattenmaterial kann negative Gedanken über dich selbst widerspiegeln (zum Beispiel, dass du es nicht verdient hast oder es generell nicht wert bist, dass du dumm bist und so weiter) oder die Schwierigkeit, anderen oder dem Universum zu vertrauen, dass sie sich für dich einsetzen.

Rational verstehst du vielleicht, dass du nicht alle Erfahrungen, die du dir wünschst, auch tatsächlich erleben kannst. Aber etwas zu verpassen, von dem du geglaubt hast, dass du es bekommen würdest oder könntest, kann schwer zu verkraften sein. Vielleicht liegt es daran, dass dein inneres Kind sich schon lange gewünscht hat, dass genau diese Sache in Erfüllung geht. Oft bedauerst du auch, dass du nicht früher gehandelt hast, um deinen Wunsch zu erfüllen. Das alles kann es schwierig machen, deine eigene Rolle beim Verpassen einer Gelegenheit zu akzeptieren. Deine Psyche verteidigt dich, indem sie dein Zögern rationalisiert und oft die realen Umstände anführt, die dir im Weg standen.

Wenn du Schwierigkeiten damit hast, zu akzeptieren, dass du eine Gelegenheit verpasst hast, stört das Schattenmaterial deine psychische Gesundheit und dein Selbstwertgefühl. Sobald deine Gedanken und Gefühle über die typischen und leichten Gefühle der Enttäuschung hinausgehen, können sie eine andere Bedeutung annehmen, und dann gibt es vielleicht unbewusstes Material, das deine Aufmerksamkeit erfordert. Die Art deines Bedauerns lädt dich dazu ein, dich in einer solchen Situation einmal ein wenig genauer zu betrachten. Meistens ist es aber so, dass du dich entweder auf äußere Umstände berufst, um mit deinem Verhalten und dem Ergebnis klarzukommen, oder du versinkst in eine Depression, weil du dieses Ereignis als Beweis dafür siehst, wie verkorkst du wirklich bist. Doch die Wahrheit ist selten so einfach.

Jedes dieser Denkmuster hat seine Wurzeln in deiner eigenen persönlichen Geschichte. Die Art und Weise, wie du reagierst, verrät viel darüber, wer du bist, wie du dich selbst siehst und welche Teile von dir noch Heilung und Aufmerksamkeit brauchen.

REFLEXIONSFRAGEN

Erinnere dich an eine Situation, in der du eine Gelegenheit verpasst hast. Welche anderen Gefühle als Enttäuschung kamen bei dir auf? Waren diese Gefühle auf diesen Moment bezogen oder standen sie für etwas Größeres und Umfassenderes?

Nimm dir einen Moment Zeit, um tiefer zu graben. Welche Gedanken über dich selbst (und/oder deine Mitmenschen) tauchen auf, wenn du über eine verpasste Gelegenheit nachdenkst? Welche Themen oder Gedanken kommen dir bekannt vor?

Was könnten diese Gedanken dir über dein Schattenselbst sagen? Gibt es eine Möglichkeit zur Integration, zum Selbstmitgefühl oder zur Heilung?

Was hält dich normalerweise davon ab, eine Gelegenheit wahrzunehmen, an der du eigentlich interessiert bist?

AFFIRMATIONEN

Es ist in Ordnung, Traurigkeit oder Enttäuschung zu empfinden, wenn man eine Gelegenheit verpasst hat.

Etwas zu bedauern, gibt mir die Möglichkeit, mehr persönliches Verständnis und Selbstmitgefühl zu entwickeln.

Auch wenn ich einen Fehler mache, bin ich es wert, dass man mir Nachsicht und Mitgefühl entgegenbringt.

INTERAGIERE MIT SCHWIERIGEN MENSCHEN

Früher oder später begegnen uns allen schwierige Menschen in unserem Leben. Ganz gleich, ob eine Person einfach nur nervt oder ein eher heimtückisches Verhalten an den Tag legt, es gibt fast immer weitere Erkenntnisse, die wir gewinnen können, wenn wir darauf achten, wie diese Person auf uns wirkt.

Manchmal bist du gezwungen, mit Menschen zu interagieren, die du normalerweise meiden würdest. Das können Kollegen oder Mitarbeiter sein, oft auch Vorgesetzte, aber auch Menschen, denen du zufällig begegnest, wie Kassierer in einem Geschäft oder Fremde auf der Straße. Möglicherweise steckst du diese Menschen in die Kategorie »schlecht« und sprichst mit Freunden oder Angehörigen über die Person, die dir ein schlechtes Gefühl vermittelt hat. Du könntest diese Erfahrungen als kleine, zufällige Momente abtun, aber du kannst diese Zusammentreffen auch nutzen, um deine persönliche Entwicklung voranzutreiben und deine Schattenanteile zu integrieren.

Mit jeder Reaktion, die du auf die Menschen zeigst, denen du begegnest, kannst du mehr über dich selbst lernen. Verdrängung ist nicht nur ein gängiger Schutz gegen die dunklen Realitäten deines Schattenselbst, sondern auch eine Projektion. Projektion ist der Prozess, durch den du deine negativen Gefühle, Gedanken und Vorstellungen auf eine andere Person überträgst. In der Schattenarbeit bedeutet das oft, die schwierigen und manipulativen Tendenzen einer anderen Person hervorzuheben, damit du dich nicht mit deinen eigenen auseinandersetzen musst. Das führt häufig zu einer Einteilung oder einem Schwarz-Weiß-Denken, bei dem du jemanden nur als gut oder nur als schlecht einstufst. Das ist unglaublich vereinfachend und ignoriert die Tatsache, dass wir alle auf unsere eigene Art und Weise schwierig oder toxisch sein können.

Das soll natürlich nicht heißen, dass es keine schwierigen oder gefährlichen Menschen auf der Welt gibt. Aber selbst bei diesen schwierigen Menschen kannst du etwas über dich selbst lernen. Deine Abneigung gegen sie kann auch ein Zeichen dafür sein, dass du dich weigerst zu erkennen, dass du ihnen ähnlich bist – dass du die Fähigkeit hast, verletzend und manipulativ zu sein. Die extremsten und schädlichsten Menschen lassen ihr Schattenselbst oft unbewusst an anderen aus und ziehen damit eine Spur von Opfern hinter sich her, weil sie sich weigern, ihre verborgenen Wunden zu heilen.

Bei den meisten ausgeglichenen Menschen treten störende oder problematische Verhaltensweisen nur in Momenten von großem Stress auf und überschreiten keine Grenze. Du verhältst dich wahrscheinlich nicht kategorisch und systematisch schädlich und toxisch. Dennoch ist es wichtig zu erkennen, dass auch du schwierig sein kannst. Du kannst mit den Gefühlen anderer spielen, um zu bekommen, was du willst, also manipulativ sein. Du bist in der Lage zu lügen und zu betrügen, auch wenn dies meist nur im Kleinen geschieht und keine großen Auswirkungen hat.

Wenn du einen tieferen Blick nach innen wirfst, kannst du Klarheit darüber finden, warum schwierige Menschen so bedrohlich für dich sind. Vielleicht spiegeln sie deine eigenen dunklen Impulse oder Momente wider, in denen du von jemandem wie ihnen schlechtes Verhalten erfahren hast. Wenn du dich mit den Schattenanteilen in dir vertraut machst, die sich in diesen Menschen zeigen, kannst du Frieden mit diesen dunklen Anteilen in dir schließen und deine Reaktionen auf die Menschen steuern, denen du im Alltag begegnest. Diese Art der Selbstbeobachtung bietet dir auch die Möglichkeit, dir selbst das Mitgefühl und die Akzeptanz zu geben, die du brauchst.

REFLEXIONSFRAGEN

Welche Eigenschaften hast du bei anderen beobachtet, die du oft als besonders schwierig empfindest? Nimm dir einen Moment Zeit, um ein paar Adjektive aufzuschreiben, die diese Eigenschaften beschreiben. Überlege dir anschließend die entsprechenden gegenteiligen Adjektive zu denen auf deiner Liste – zum Beispiel wird »nervig« in deiner zweiten Liste zu »angenehm im Umgang«. Stellt diese neue Liste die Eigenschaften dar, von denen du glaubst, dass du sie am meisten zeigst oder zeigen willst? Sei ehrlich.

Wenn du einer schwierigen Person begegnest, wie fühlt sich das für dich an? Fallen dir in diesem Moment typische körperliche oder emotionale Reaktionen an dir auf?

Wer sind die wichtigsten »schwierigen« Menschen in deiner Geschichte? Welche Erfahrungen mit diesen Menschen trägst du immer noch mit dir herum?

AFFIRMATIONEN

Ich habe die Fähigkeit, manchmal schwierig und verletzend zu sein – so wie jeder andere Mensch auch.

Schwierig zu sein, bedeutet nicht, dass ich böse oder ausbeuterisch bin.

Ich kann meinen eigenen persönlichen Fehlern und Schwierigkeiten Raum geben. So kann ich besser mit ihnen umgehen und Schaden begrenzen.

ERKENNE TOXISCHE CHARAKTERZÜGE

Heutzutage scheint es, als sei das Wort »toxisch« zu einem Schlagwort der Pop-Psychologie geworden. Es ist einfacher denn je, das Verhalten einer Person als toxisch zu bezeichnen. Das gibt uns oft die Gelegenheit, andere zu verunglimpfen und sie an den Rand der Gesellschaft zu drängen. In bestimmten Extremsituationen mag diese Art der Verbannung gerechtfertigt sein. Oft aber ist eine solche Kategorisierung nur mäßig produktiv und verdunkelt ironischerweise eine andere universelle Wahrheit: Wir Menschen haben alle die Fähigkeit, toxisch zu sein. Wir alle haben »toxische« Eigenschaften.

Das Schattenselbst ist wie die Büchse der Pandora, in der sich enorm viele Dinge befinden, unter anderem auch die negativen Anteile in dir, die du am liebsten verdrängen würdest. Manchmal handelt es sich dabei um relativ harmlose Dinge, manchmal aber auch um dunklere, toxische Züge, die (meistens) nur zufällig auftauchen. Die toxischen Verhaltensweisen, die aus diesem Raum kommen, sind nicht böswillig oder absichtlich. Vielmehr handelt es sich um fehlgeleitete Versuche, ein tiefes Bedürfnis zu befriedigen. Dabei kann es sich um lang anhaltende Frustrationen darüber handeln, wie andere dich behandeln und mit dir umgehen, oder um verdrängte Traumata, die du noch nicht vollständig verarbeitet hast.

Es ist viel einfacher, andere zu verurteilen, die toxische Eigenschaften zeigen, als an deinen eigenen Problemen zu arbeiten. Die sozialen Medien leben von dieser Art des Ausgrenzens. Das ist durchaus logisch, denn es ist einfacher, Dinge in anderen zu sehen, als ähnliche Eigenschaften in sich selbst zu entdecken. Auch deine inneren Abwehrmechanismen bieten dir permanent diesen Schutz. Denn wie könntest du im Alltag funktionieren, wenn du deine Zeit damit verbringen würdest, dich auf all die Dinge an dir selbst zu konzentrieren, die schrecklich sind? Das ist eindeutig weder nachhaltig noch gesund. Nichtsdestotrotz brauchst du die Fähigkeit und Einsicht, dich selbst besser zu erkennen. Selbstakzeptanz kannst du nur erreichen, wenn du dir bewusst machst, wie wunderbar du bist und wie schwierig und unsympathisch du manchmal sein kannst, und beides anerkennst.

Diese Fähigkeit, so leicht zu erkennen, wie toxisch jemand anderes ist, könnte sogar eine kollektive toxische Eigenschaft sein, die wir als Menschen haben. Warum fällt es uns so leicht, andere für gemein, schwierig oder bösartig zu halten? Könnte es sein, dass etwas anderes, vielleicht etwas Tieferes, in dieser Person vor sich geht, genauso wie in uns?

Man sollte wissen, dass eine solche Dynamik nicht für Menschen gilt, die mit psychischen Krankheiten und chronisch selbstabwertenden Gedanken leben. Psychische Krankheiten wie Depressionen und viele andere gehen oft mit unglaublich unzutreffenden und lähmenden Gedanken der Selbstkritik einher, was sich von dem unterscheidet, was du in dieser Übung erforschst. Psychische Krankheiten verzerren chronisch die Selbstwahrnehmung und führen oft dazu, dass sich die Betroffenen zu sehr mit ihren selbstkritischen Gedanken identifizieren. Es ist nicht ungewöhnlich, dass Menschen, die mit psychischen Krankheiten leben, eine extrem niedrige Selbsteinschätzung haben und sich übermäßig dessen bewusst sind, was an ihnen nicht perfekt ist. Wie gesagt, darauf bezieht sich diese Übung nicht. Natürlich kann es schwierig sein, zu erkennen, ob das auf dich zutrifft oder nicht. Wenn du dir diese Frage stellst, ist es ratsam, eine Therapeutin oder einen Therapeuten aufzusuchen, die oder der dich individuell unterstützt und dir Klarheit verschafft.

REFLEXIONSFRAGEN

Welche Eigenschaften oder Verhaltensweisen deiner Mitmenschen stören dich am häufigsten? Welche Erfahrungen aus deiner Vergangenheit beeinflussen diese Wahrnehmung?

Welche Gefühle kommen bei dir hoch, wenn du diese Eigenschaften und Muster bei anderen betrachtest? Nimm dir einen Moment Zeit, um zu überlegen, wie diese Verhaltensweisen oder Eigenschaften auf dich zutreffen. Fällt es dir schwer, ähnliche Muster bei dir selbst zu akzeptieren?

Welche Schritte kannst du unternehmen, um deine eigenen negativen Eigenschaften zu akzeptieren und Mitgefühl mit ihnen zu entwickeln? Wie kannst du dieses Mitgefühl auch auf andere Menschen in deinem Leben übertragen?

AFFIRMATIONEN

Es erfordert Mut, mir meiner eigenen negativen Eigenschaften und Muster bewusst zu werden.

Schlechte Dinge zu tun, macht mich nicht zu einem schlechten Menschen. Es gehört zum Menschsein dazu, Fehler zu machen.

Ich kann mehr über mich selbst lernen und gesündere Wege finden, um meine Bedürfnisse zu befriedigen.

SETZE DICH MIT SCHWIERIGEN EMOTIONEN AUSEINANDER

Einer der häufigsten Sätze, die man aus dem Munde von Fachleuten für psychische Gesundheit hört, ist: »Wir sollten das mal eine Minute sacken lassen.« Aber was bedeutet das?

Ein Gefühl zuzulassen, ihm Raum zu geben oder es sacken zu lassen, bedeutet, dass du dir die Erlaubnis gibst, dich mit deinen Gefühlen zu verbinden. Das beinhaltet oft, dass du dir einen Moment Zeit nimmst, um das Gefühl zu identifizieren oder zu benennen, und in Ruhe darüber nachdenkst, bevor du zum nächsten Gesprächsthema oder Gefühl übergehst.

Warum ist das so wichtig? Zunächst einmal müssen wir uns eingestehen, wie schwierig es ist, sich mit seinen Gefühlen auseinanderzusetzen. Wenn es dir wie den meisten Menschen geht, fällt es dir wahrscheinlich schwer, den Emotionen Raum zu geben, die sich nicht überwältigend positiv anfühlen. Tatsächlich verdrängen wir kollektiv alle Gefühle, die nicht so positiv sind, in die hintersten Winkel unseres Verstandes. Das bedeutet, dass wir es aktiv vermeiden, emotionale Schmerzen, Traurigkeit, Verletzungen und Depressionen anzuerkennen.

Vieles davon ist angeboren. Dein Gehirn arbeitet daran, Wege zu finden, um Schmerzen zu reduzieren oder zu vermeiden. Das merkst du vielleicht in deinem Alltag, wenn du dich einem schwierigen Gefühl näherst und sofort das Thema wechselst. Es kann auch sein, dass du es zu sehr intellektualisierst oder die schwierige Erfahrung ganz herunterspielst, etwa mit den Worten »So schlimm war es gar nicht!«. Du schottest dich von Gefühlen ab, die dir zu groß erscheinen, um sie festzuhalten und zu bewältigen. Du vermeidest den Schmerz ganz und gar. Sich mit dem Schmerz auseinanderzusetzen bedeutet, dass du erstens den

Schmerz, den du erlebt hast, anerkennen und zweitens deine eigene Verletzlichkeit akzeptieren müsstest – und das ist schwer.

Vielleicht siehst du Verletzlichkeit als Schwäche an. Ein Teil von dir denkt womöglich, dass du zu sensibel bist oder dich in deinem Schmerz suhlst, wenn du deinen Gefühlen Raum gibst. Unter dem Deckmantel des Weitermachens überkompensierst du vielleicht. Du machst mit toxischer Positivität und Hyperresilienz weiter. Das große Problem dabei ist, dass der Schmerz überhaupt nicht verschwunden ist. Du hast ihn nur verdrängt und in den Schatten verbannt.

Ironischerweise ist es oft dieser Prozess, der die meisten langfristigen Probleme verursacht. Wenn du dir keinen angemessenen Raum schaffst – und dieser Raum ist für jede Person schwer zu definieren –, um diese schwierigen Gefühle und Erfahrungen zu verarbeiten, sickern sie in dein tägliches Leben ein. Dieser verdrängte Schmerz kann dazu führen, dass du in anderen Bereichen deines Lebens überkompensierst, indem du auf völlig unangemessene und unwirksame Weise nach Schutz und Wiedergutmachung suchst.

Diese Überlegungen bieten dir einen gewissen Freiraum, um Gefühle zu erkennen, die du in deinem Leben nur schwer zulassen kannst. Versuche dir vorzustellen, wie du in Zukunft anders mit ihnen umgehen könntest.

REFLEXIONSFRAGEN

Bei welchen Gefühlen stellst du fest, dass du sie oft zu schnell übergehst oder verdrängst? Welche Erfahrungen hast du mit diesen Gefühlen gemacht? Egal, ob es sich um Wut, Eifersucht, Traurigkeit oder ein anderes Gefühl handelt, nimm dir jetzt einen Moment Zeit, um über frühere Zeiten nachzudenken, in denen du ähnliche Gefühle empfunden hast. Was ist passiert? Wer war daran beteiligt? Hast du das Gefühl, dass du diese Erfahrungen ausreichend geheilt und akzeptiert hast? Inwiefern halten dich diese Erfahrungen noch immer gefangen?

Wie hast du schwierige Gefühle verarbeitet, als du jünger warst? Würdest du sagen, dass sich deine Reaktion auf diese Gefühle in dieser Phase deines Lebens verändert hat? Warum oder warum nicht?

Was könnte dir dabei helfen, diese schwierigen Gefühle oder vergangenen Erfahrungen besser zu verarbeiten und zu akzeptieren? Nimm dir einen Moment Zeit, um mindestens eine Strategie oder Fähigkeit zu finden, die dir helfen könnte, mit schwierigen Gefühlen umzugehen.

AFFIRMATIONEN

Ich bin nicht fehlerbehaftet, wenn ich negative Gefühle erlebe. Ein Mensch zu sein bedeutet, verschiedene Gefühle und Emotionen zu erleben.

Es ist normal und in Ordnung, von den Dingen, die ich erlebe, betroffen zu sein.

Es gibt kein Suhlen in den Gefühlen, sondern nur das Bedürfnis nach mehr Heilung.

Ich kann und werde in Zukunft mehr Raum für schwierige Gefühle schaffen.

STELL DICH DER KONFRONTATION

Wie bereit bist du, eine Konfrontation direkt anzugehen?

Eine Konfrontation ist keine angenehme Erfahrung. Bei vielen von uns weckt sie negative Emotionen, vor allem, wenn es darum geht, die Menschen, die uns am nächsten stehen, mit etwas Unangenehmem zu konfrontieren.

Warum fällt es dir so schwer, dich in solchen Situationen zu äußern? Beginnen wir damit, zu untersuchen, wie du dich gefühlt hast, als du das Wort »Konfrontation« hier auf dieser Seite gelesen hast. Welche unmittelbaren Gedanken und Gefühle tauchten bei dir auf? Hattest du den Drang, zum nächsten Abschnitt zu wechseln? Warst du sofort daran interessiert, mehr zu erfahren? Die Antworten auf diese Fragen sind ein guter Ausgangspunkt für deine Überlegungen.

Du denkst vielleicht, dass du Konfrontationen oder zwischenmenschliche Konflikte um jeden Preis vermeiden solltest, denn sie sind unangenehm und belastend. Schlimmstenfalls befürchtest du womöglich, dass die Beziehung zu einem anderen Menschen irreparabel geschädigt wird, wenn du für dich selbst eintrittst. Du glaubst, dass die andere Person wütend auf dich reagieren wird. Du denkst vielleicht sogar, dass du derjenige sein wirst, der in einem Wutanfall ausrastet und etwas tut, das du sofort bereust.

Die Konfrontation ist ein notwendiges Übel, um einer Lösung näher zu kommen. Und so gesehen ist eine Konfrontation gar nicht so schlimm, sondern eher ein produktiver (wenn auch unbequemer) Schritt nach vorne. Wenn zum Beispiel ein geliebter Mensch etwas sagt, das dich zutiefst verletzt, hast du zwei Möglichkeiten: Entweder du sprichst das Problem an oder du schluckst deine Sicht der Dinge herunter und machst weiter wie bisher. Die eine Möglichkeit schafft einen Weg zu einer möglichen Lösung, während die andere so gut wie sicher dafür sorgt, dass dich diese Worte für den Rest des Tages oder vielleicht sogar noch länger beschäftigen. Wenn das passiert, wohin gehen dann all der Schmerz und die Aufregung? In deinen Schatten. Das kann zu wachsendem Groll, passiv-aggressivem Verhalten und anderen Formen führen, den Schmerz auszuleben. Mit der Zeit verschlechtert diese Art von Verhalten deine Beziehungen und deine psychische Gesundheit von innen heraus. Kurzfristiger Frieden ist zwar einfacher, kann aber das stabile Fundament deiner Beziehung zerstören.

REFLEXIONSFRAGEN

Wenn du an das Wort »Konfrontation« denkst, welche Gedanken oder Gefühle kommen dir sofort in den Sinn?

....

....

....

....

....

....

....

....

Wie wirken sich diese Gedanken und Gefühle auf deine Fähigkeit oder Bereitschaft aus, jemanden zur Rede zu stellen, der dir Unrecht getan hat?

....

....

....

....

....

....

....

....

Denke an das letzte Mal, als dich jemand mit etwas konfrontiert hat, das du gesagt oder getan hast. Wie hat sich das für dich angefühlt? Wie hast du darauf reagiert?

Was glaubst du, was du brauchst, um Konflikte besser anzusprechen? Welche Hilfsmittel könnten dir dabei helfen, Fortschritte zu machen?

AFFIRMATIONEN

Eine Konfrontation ist oft beängstigend und unangenehm. Es ist normal, sie zu fürchten.

Ich kann mich ängstlich fühlen und zögern, mich durchzusetzen, und es trotzdem tun.

Konfrontation ist ein Mittel, das mir hilft, meine Bedürfnisse besser zu erfüllen und Grenzen zu setzen.

Jemanden zu konfrontieren, der mich verletzt hat, ist eine Möglichkeit, Selbstfürsorge und Mitgefühl zu üben.

LASS FREUDE IN DEIN LEBEN

Wenn die meisten Menschen an den Schatten denken, denken sie an all die negativen Dinge, die sie in ihrem Leben erlebt und vergraben haben. In diesem Teil der Psyche geht es um das, was in unserem Leben unbewusst oder nicht immer sichtbar ist. Aber der Schatten besteht nicht nur aus den dunklen Gedanken und Gefühlen, die du erlebst. Er beherbergt auch einige der positiven Anteile in dir, die du verdrängt hast. Für manche Menschen äußert sich das in der Schwierigkeit, persönliche Freude und Glück zu erleben.

Wir alle unterliegen einem großen Missverständnis über das Wesen von Freude und Glück. Vielleicht verspürst auch du den Druck, immer positiv denken und fühlen zu müssen. Das wird durch viele Vorstellungen in der Welt und durch Gespräche mit anderen Menschen noch verstärkt. Wie oft hast du schon von einer Schwierigkeit in deinem Leben erzählt, auf die jemand mit einer simplen Plattitüde wie »Hab einfach Geduld, am Ende wird alles gut« geantwortet hat? In dem Versuch, dich zu unterstützen, können dir die Menschen ungewollt beibringen, dass die einzigen akzeptablen Gefühle die schönen und hoffnungsvollen sind. Diese Gespräche verstärken oft die Vorstellung, dass du dich so glücklich und fröhlich wie möglich zeigen musst, um ein sympathisches und akzeptables Mitglied der Gesellschaft zu sein. Das ist ein unmöglicher Standard, dem man nicht gerecht werden kann.

Zudem schafft dies oftmals ein unerwartetes, umgekehrtes Problem. In deinem Bemühen, ständig Freude und Positivität zu zeigen, entfernst du dich immer weiter von dem, was es bedeutet, fröhlich zu sein. Während du hart daran arbeitest, diesen schwer fassbaren positiven Zustand zu erreichen, beschäftigst du dich so sehr damit, dass du dich ironischerweise nur noch weiter davon entfernst, ihn wirklich zu fühlen. Du lernst, das zu suchen, was andere dir als Freude verkaufen. Dabei schaffst du es nicht, Freude für dich selbst zu definieren. Das bedeutet, dass du immer wieder daran scheiterst, Freude zu empfinden, und das führt zu Schuldgefühlen und Scham. Die Kultur der toxischen Positivität verlangt allerdings ein Maß an Perfektion, das niemand erreichen kann.

Vielleicht korrigierst du dich oft zu sehr, um Freude zu empfinden. Manchmal löst diese Suche das Verlangen nach schnellen Dopaminschüben aus, die dann in den sozialen Medien, beim Onlineshopping und bei anderen destruktiven Entscheidungen gefunden werden. Was du jedoch oft nicht erkennst, ist, dass dich diese Suche zu viel kostet. Sie hält dich davon ab, dich mit dir selbst und den Dingen, Menschen und Erfahrungen zu verbinden, die dir deine ganz eigene Freude bringen. Bedenke bitte, dass Freude ein Gefühl wie jedes andere ist. Freude ist vergänglich. Es ist kein dauerhafter Zustand.

REFLEXIONSFRAGEN

Wie definierst du Freude? Welchen Platz nimmt sie in deinem täglichen Leben ein?

Was hast du von deinen Mitmenschen darüber gelernt, was es bedeutet, fröhlich zu sein?

Wer hilft dir, die Freude besser zu verstehen? Gibt es Dinge (zum Beispiel Gegenstände oder Aktivitäten), die dir helfen, dich wieder mit diesem Teil von dir zu verbinden?

AFFIRMATIONEN

Freude ist ein Gefühl (neben all den anderen Emotionen), zu dem ich Zugang habe.

Ich muss mich nicht anstrengen, um Freude zu kultivieren. Ich kann mich für Freude entscheiden, indem ich mich wieder mit mir selbst und den Dingen verbinde, die mich glücklich machen.

Ich verdiene Freude und Frieden auf eine Weise, die für mich funktioniert.

ANHANG A
C. G. Jungs Theorie der Psyche

Vieles von dem, was wir über die Persönlichkeit und die menschliche Psyche wissen, hat seine Wurzeln in der Arbeit der frühen Psychoanalytiker wie Carl Gustav Jung. Als er die analytische Psychologie begründete und auf Sigmund Freuds Verständnis der Psychoanalyse aufbaute, definierte Jung die Psyche als die Gesamtheit der psychischen Anteile eines Menschen – eine Mischung aus Verstand (Gedanken und Ideen), Geist und Seele.

Mit seiner Theorie der Psyche versuchte Jung, unsere innere Welt zu verstehen, die seiner Meinung nach aus bewussten und unbewussten Teilen besteht. Er stellte sich die menschliche Psyche als die Gesamtheit des Selbst vor. Ihm zufolge vereint sie also nicht nur die bewussten und unbewussten Teile dessen, was wir sind, sondern versucht auch, diese Unterschiede in unserer inneren und äußeren Welt zu bewältigen.

Die Rolle des Bewusstseins – das hast du in diesem Buch vielleicht schon herausgefunden – ist sowohl persönlich als auch kollektiv. Jung glaubte, dass wir alle ein kollektives Unbewusstes haben, das für einen Teil des Materials verantwortlich ist, das wir alle in unserer Psyche teilen. Das zeigt sich am deutlichsten darin, wie wir uns Themen vorstellen, die in und zwischen Kulturen und Gesellschaften vorkommen. Ein Beispiel ist die Darstellung des Kampfes zwischen Gut und Böse, der oft durch Helligkeit und Dunkelheit repräsentiert wird. Da viele von uns dasselbe Denkmuster anwenden, kann man davon ausgehen, dass diese Bedeutungen ein Teil unseres kollektiven Unbewussten sind.

Andererseits gibt es auch Vorstellungen, die explizit ein Teil des kollektiven Bewusstseins sind. Oft sind diese Vorstellungen mit Nationalismus und der bewussten Identifikation mit einer Gruppenzugehörigkeit verbunden. Fragt man beispielsweise die meisten Menschen, was es bedeutet, »patriotisch« zu sein, so haben sie eine ähnliche Vorstellung davon – auch wenn sich diese Definition jeden Tag etwas ändert. Das ist eine kollektive, bewusste Identität mit ihren eigenen Werten und Annahmen.

Wir haben zudem die Dichotomie des persönlichen Bewusstseins und des Unbewusstseins in uns. Dein persönliches Bewusstsein ist die Art und Weise, wie du dich selbst wahrnimmst, sowohl innerlich als auch im Verhältnis zu anderen. Überlege einmal, mit welchen Rollen und Adjektiven du dich selbst beschreiben würdest. Vielleicht identifizierst du dich leicht mit einer familiären oder beruflichen Rolle als Teil deines persönlichen Bewusstseins. Die Adjektive, mit denen du dich anderen gegenüber beschreibst (durchsetzungsfähig, freundlich, tough, belastbar und so weiter), fallen ebenfalls unter dein persönliches Bewusstsein.

Dein persönliches Unbewusstes hingegen besteht aus den Dingen, die du gerne vor dir selbst und anderen verbirgst. Das ist das Schattenmaterial. Es ist der Teil von dir, den du versuchst, vor anderen zu verbergen, oft um sie davor zu schützen herauszufinden, wie schrecklich und fehlerhaft du dich selbst findest. Das ist auch der Teil von dir, den du dir selbst nur schwer eingestehen kannst. Du benutzt Abwehrmechanismen wie Verleugnung, Verdrängung und Projektion und weitere, um deine Gefühle darüber zu steuern, wie du dich selbst siehst. Du nutzt diese Abwehrmechanismen auch, um zu steuern, wie du anderen erlaubst, dich zu sehen (deine Persona).

Jung bezeichnete das Ego als den großen Moderator der Psyche – die Struktur, die dafür verantwortlich ist, wie du dich identifizierst. Es ist das sprichwörtliche »Ich«. Von deiner Geburt an wächst dein Verständnis von dem, was Ich bedeutet, indem du mit der Welt um dich herum interagierst. Dein Ego entwickelt sich durch all deine frühen Erfahrungen, Gedanken, Gefühle und Empfindungen, die dir ein Verständnis für deinen Platz in der Welt vermitteln. Während du weiterwächst, wächst auch dein Ego. Das Ego hilft dir, eine Persona zu entwickeln und zu lernen, wie du mit deiner Persona mit anderen in deiner Umgebung interagierst. Die Persona ist die Art und Weise, wie du dein Ego anderen zeigst. Du könntest deine Persona (und deine äußere Persönlichkeit) als die darstellende Seite deines Ichs betrachten. Ihr Ziel ist es, der Außenwelt zu zeigen, wie du dich selbst siehst und wie du gesehen werden willst. Die Persona zeigt sich in der Art und Weise, wie du sprichst, dich verhältst und dich nach außen hin ausdrückst (Haare, Kleidung, Geschlecht und so weiter).

Im Gegensatz dazu ist der Schatten, also das persönliche Unbewusste, die Seite von dir, die sich versteckt. Es ist unklar, ob dieses Bedürfnis, sich zu verstecken, ein wesentlicher Bestandteil des Schattens selbst ist oder – was viel wahrscheinlicher ist – ein bewusstes Bestreben des Ichs, sich mit den unerwünschten Anteilen nicht zu identifizieren. Das bedeutet, dass das Ego (das Ich) sich wahrscheinlich nicht mit den Schattenanteilen der Psyche identifizieren will, weil diese unauslöschlichen Anteile die Konstruktion der Persona (das Gesicht, das du der Welt zeigst) durch das Ego bedrohen.

Das macht die Schattenarbeit sehr schwierig. Wenn du mit der Schattenarbeit beginnst, lädst du dein Ego bewusst zur Ruhe ein, während du dir selbst die Erlaubnis gibst, deine Schattenanteile zu besuchen und hoffentlich zu integrieren. Aber das Ego will nicht wirklich, dass Schattenarbeit stattfindet, also wehrt es sich gegen deine dunkleren Gedanken, Gefühle und Impulse. Es will sicherstellen, dass deine Persönlichkeit intakt bleibt, denn das bedeutet wahrscheinlich, dass es selbst (das Ego) überlebt. Es ist schwer für dich, all die dunklen, verborgenen Seiten zu erkennen – schließlich spiegeln sie die Art und Weise wider, wie du dich selbst nicht gerne siehst. Aber Schattenarbeit ist ebenso befreiend wie schwierig.

Deshalb ist die Schattenarbeit oft lebensverändernd, weil sie dich dazu bringt, dein Selbstbild zu ändern. Wenn du dich mit all deiner Dunkelheit konfrontiert siehst, bist du gezwungen, ein neues Selbstbild zu entwerfen – ein neues Ego. Wirst du einfach zu all diesen dunklen Impulsen? War die Persona eine komplette Lüge und Erfindung? Was tust du jetzt?

Das ist sowohl das Geschenk als auch der Fluch der Schattenarbeit. Wenn du die dunklen Seiten in dir aufarbeitest und akzeptierst, kannst du eine neue Ebene des inneren Friedens und des Selbstmitgefühls erfahren. Der Weg dorthin ist jedoch oft mit sehr schwierigen Gedanken und Gefühlen gepflastert. Deshalb ist es so wichtig, dass du über Werkzeuge zur Erdung und über soziale Unterstützung verfügst, die dir beide Halt geben.

In Jungs Theorie der Psyche ist es das Ziel der Schattenarbeit, psychologisches Wohlbefinden und geistige Gesundheit zu erreichen; dies geschieht meist durch Analyse und Integration. Er glaubte, dass du, wenn du Einblick in dein Bewusstsein (persönliches und kollektives, bewusstes und unbewusstes) bekommst, daran arbeiten kannst, all deine inneren Dynamiken zu integrieren und als funktionierendes Mitglied der Gesellschaft in Frieden zu leben. Das ist der Grund, warum wir Schattenarbeit machen. Sie bringt Hoffnung auf ein Gefühl des Friedens und ein Leben in Leichtigkeit. Sie ist ein Versuch, tiefe Selbstliebe zu praktizieren, die dich dazu befähigt, alle anderen in deinem Leben mit demselben Gefühl der Akzeptanz zu lieben.

ANHANG B
Weiterführende Erklärungen zu Bindungsstilen

Ein wichtiger Faktor in Bezug auf den Bindungsstil

Es ist schwer zu sagen, wie viel des Bindungsstils einer Person auf angeborene Eigenschaften (Natur) oder auf erlernte Verhaltensweisen und Gefühle (Erziehung) zurückzuführen ist. Wir wissen jedoch, dass die Qualität der elterlichen Erziehung ein wichtiger Faktor dafür ist, wie Kinder eine Bindung zu anderen entwickeln und wie sicher sie sich in ihrer Umgebung fühlen. Eltern, die die physischen und psychischen Bedürfnisse ihrer Kinder konsequent erfüllen, tragen eher dazu bei, dass Kinder einen sicheren Bindungsstil entwickeln. Wenn Eltern nicht konsequent auf die Bedürfnisse des Kindes eingehen, erhöht sich das Risiko, einen anderen Bindungsstil zu entwickeln (unsicher-ängstlich, unsicher-vermeidend oder desorientiert).

Darüber hinaus zeigen weitere Untersuchungen, dass Kinder, die extrem uneinheitliche Bindungserfahrungen machen (und/oder die Abwesenheit der Eltern erfahren), mit größerer Wahrscheinlichkeit einen desorientierten Bindungsstil entwickeln und sich unsicher darüber fühlen, wie sie sich in den Beziehungen zu Erwachsenen erfolgreich zurechtfinden und stabil fühlen können. Die Grundlage des heutigen Wissens in diesem Bereich ist die Studie »Fremde-Situation-Test« der Entwicklungspsychologin Mary Ainsworth, in der sehr junge Kinder (12 bis 18 Monate) beobachtet wurden, wie sie sich mit ihrer Mutter beschäftigten, die Mutter sie verließ, sie eine fremde Person kennenlernten und dann wieder mit der Mutter zusammenkamen. Die Säuglinge wurden von

Forschern beobachtet und ihr Verhalten wurde danach codiert, wie das Kind auf das Verlassen der Mutter, das Kennenlernen der fremden Person, das Alleinsein mit der fremden Person und das Wiedersehen mit der Mutter reagierte. Die Forscher untersuchten das Verhalten des Kindes bei diesen verschiedenen Ereignissen, zum Beispiel ob das Kind im Zimmer spielte, den Raum erkundete, nach seiner Mutter suchte, die fremde Person mied oder mit ihr interagierte, und so weiter. Während des gesamten Experiments notierten die Forscher auch alle emotionalen Reaktionen, die die Stimmung des Kindes widerspiegelten (Lächeln, Weinen, Lachen und so weiter). All dies hat dazu beigetragen, was wir heute über Bindungsstile wissen.

Sichere Bindung

In Ainsworths Forschung reagierten Säuglinge, die eine sichere Bindung zu ihren Bezugspersonen hatten, gut auf das Wiedersehen nach der kurzen Trennung. Sie ließen sich leichter wieder auf die Mutter ein und erhielten die nötige Unterstützung und Fürsorge, um sich von der Trennung zu erholen.

In erwachsenen Beziehungen sind Menschen, die eine sichere Bindung haben, eher verlässliche und zuverlässige Partner. Sie erwarten Herausforderungen in der Beziehung und unvermeidliche Momente der Distanz, kommen damit gut zurecht und fühlen sich in der Regel wohl, wenn sie anderen nahekommen.

Unsicher-ängstliche Bindung

In den Untersuchungen waren Säuglinge mit unsicher-ängstlicher Bindung sehr misstrauisch gegenüber der fremden Person in dem Szenario und fühlten sich unwohl, wenn sie ohne ihre Hauptbezugsperson zurückgelassen wurden. Nach dem Wiedersehen wurden sie durch die Rückkehr der Mutter schnell beruhigt.

Als Erwachsene erleben Menschen mit unsicher-ängstlicher Bindung mehr Ängste, besonders in intimen Beziehungen. Ängstlich gebundene Erwachsene machen sich häufig darüber Sorgen, ob ihr Partner oder ihre Partnerin sie liebt. Sie zögern vielleicht auch, enge Beziehungen einzugehen, und suchen regelmäßig nach Bestätigung.

Unsicher-vermeidende Bindung

Säuglinge mit dem unsicher-vermeidenden Bindungsstil neigten dazu, Trost bei der Mutter zu suchen, aber sie reagierten nicht sehr positiv auf den angebotenen Trost. Sie zeigten auch keine Vorliebe dafür, sich nach dem Wiedersehen mit der Mutter (im Vergleich zu einer fremden Person) zu verbinden.

Erwachsene mit vermeidender Bindung neigen dazu, enge Beziehungen und Gefühle als relativ unwichtig zu betrachten. Sie vermeiden enge Beziehungen vielleicht aktiv, zeigen ihre Gefühle nicht offen und entscheiden sich eher für mehr als für weniger emotionale Distanz. Zwischenmenschlich werden sie oft als »kalt« beschrieben.

Desorientierte (ängstlich-vermeidende) Bindung

Der desorientierte Bindungsstil wurde nach John Bowlbys und Ainsworths Arbeit von den Psychologen Mary Main und Judith Solomon eingeführt. Nach ihren Erkenntnissen neigen Kinder mit desorientierter Bindung zu einer Mischung aus vermeidenden und ängstlichen Verhaltensweisen. Das bedeutet oft, dass das Kind seine Rolle in der Eltern-Kind-Dynamik nicht richtig einschätzt und später die Rolle der Betreuungsperson einnimmt. Dieser Stil wird häufig bei Kindern beobachtet, die in ihrer frühen Kindheit Traumata, Vernachlässigung oder Missbrauch und inkonsistente elterliche Fürsorge erlebt haben.

Erwachsene, die einen eher desorientierten Bindungsstil haben, sind oft verwirrt, wie sie mit Intimität umgehen sollen, selbst wenn sie sich nach Nähe sehnen. Beziehungen fühlen sich oft instabil an, wie eine emotionale Achterbahn. Im Gegensatz zu den streng vermeidenden Typen wünschen sich desorganisiert gebundene Menschen enge Beziehungen, wissen aber nicht genau, wie sie diese aufrechterhalten können.

ANHANG C
Weiterführende Websites und Literatur

Für Menschen, die mehr Unterstützung wünschen

Die Schattenarbeit birgt große emotionale und psychologische Risiken in sich. Wann immer du dich mit persönlicher Entwicklung beschäftigst, insbesondere mit Schattenarbeit, wirst du mit Emotionen und Gedanken konfrontiert, die herausfordernd sind und weitere Aufmerksamkeit erfordern. Dieses Buch soll dir natürlich dabei helfen, diese Art der Selbsterkundung zu beginnen (oder fortzusetzen), doch bedenke bitte, dass es schwierig sein kann, diese Arbeit allein durchzuführen. Während du dich durch diese Übungen gearbeitet hast, hast du vielleicht bereits gemerkt, dass du davon profitieren würdest, durchgehend dabei unterstützt zu werden. Mein Ziel ist es, dir einige Anhaltspunkte für diese Unterstützung zu geben und dir Bücher und andere Quellen vorzustellen, die dir auf deinem weiteren Weg helfen können.

Wenn du auf der Suche nach professioneller Unterstützung bist, ist die Anwesenheit einer Therapeutin oder eines Therapeuten unglaublich wertvoll. Ich glaube, dass Selbsthilfe bei der Schattenarbeit sehr nützlich ist, es jedoch manchmal den entscheidenden Unterschied macht, wenn du deinen persönlichen Ratgeber hast. Ein Therapeut oder eine Therapeutin kann eine großartige Hilfe sein, um dich mit persönlicher und individueller Unterstützung zu begleiten, ganz gleich, an welchem Punkt deines Heilungsprozesses du dich gerade befindest.

Es gibt verschiedene Möglichkeiten, eine Fachkraft zu finden, mit der du zusammenarbeiten möchtest, sei es durch

Empfehlungen durch Mundpropaganda, durch die Suche nach Anbietern mittels eigener Recherche oder durch eine Empfehlung von einem anderen Gesundheitsdienstleister oder einer Versicherung. Wenn du mit einem Menschen befreundet bist, der mit einer Therapeutin oder einem Therapeuten oder einer anderen professionellen Beratung zusammenarbeitet, solltest du mit ihm über seine Erfahrungen sprechen und fragen, ob er glaubt, dass ihr beide gut zusammenpassen könntet. Auch andere Gesundheitsdienstleister kennen in der Regel Therapeutinnen und Therapeuten in ihrer Nähe, sodass sie dich bei deinen Bemühungen unterstützen und dich mit jemandem in Kontakt bringen können, von dem sie glauben, dass dieser Mensch dir helfen kann.

Wenn du auf eigene Faust nach einem Anbieter suchst, kann das Internet ein hilfreicher (aber auch überwältigender) Ort sein. Versuche, nach einem bestimmten Problem, für das du Hilfe suchst, und deiner Postleitzahl zu suchen. Ein Suchbegriff könnte zum Beispiel lauten: »Therapeut Trauma 12345« oder »lokaler Therapeut Schattenarbeit«.

Im Folgenden findest du einige hilfreiche Psychologie-Websites, auch für Menschen, die Schwierigkeiten haben, einen kompetenten oder bestätigenden Anbieter zu finden.

Therapeuten- und Psychotherapeutensuche

www.therapie.de/therapeutensuche

Eine Website, auf der du nach Ort sowie nach Schwerpunkt (Angst-Phobie, Depression und so weiter) suchen kannst. Du kannst auch nach Therapieverfahren, Abrechnung, freien Plätzen und vielen anderen Optionen filtern.

Psychotherapiesuche

www.psychotherapiesuche.de
Auch hier kannst du eine Psychotherapie in deiner Nähe finden und verschiedene Filtermöglichkeiten einstellen.

Deutsche PsychotherapeutenVereinigung e. V. (DPtV)

www.dptv.de/psychotherapie/psychotherapeutensuche/

Ein übersichtliches Verzeichnis, das dabei hilft, Unterstützung von lizenzierten Anbietern psychischer Gesundheit zu erhalten.

Der Patientenservice 116 117

www.116117.de/de/psychotherapie.php

Eine informative Website, die die verschiedenen Möglichkeiten der ambulanten Psychotherapie aufzeigt und bei der Suche einer Praxis für Psychotherapie unterstützt.

BundespsychotherapeutenKammer

www.bptk.de/patient-innen/

Eine umfangreiche Website mit vielen Informationen zu Psychotherapie und einer lokalen Suche nach freien Therapieplätzen inklusive verschiedener Filtermöglichkeiten (Methode, Kostenerstattung, Sprache und so weiter).

It's complicated

https://complicated.life/de/finde-hilfe/lgbtqi#therapists

Landesweites Verzeichnis von lizenzierten Therapeuten und Therapeutinnen, die nach eigenen Angaben auf LGBTQI spezialisiert sind. Auch hier gibt es Filtermöglichkeiten, etwa nach Sprache, Spezialisierung oder Kosten pro Sitzung.

Weiterführende Literatur

Es ist wichtig anzumerken, dass eine Therapie aus verschiedenen Gründen nicht immer für jeden zugänglich und auch nicht der einzige Weg zur Heilung und Integration ist. Viele Menschen nutzen mehrere Wege zur persönlichen Entwicklung (ich persönlich habe das auch getan), und wenn du nach zusätzlichen Selbsthilfeoptionen suchst, gibt es viele Bücher oder andere Ressourcen, die dir helfen könnten. Bedenke aber bitte, dass nicht jede Strategie, jedes Buch und jeder Therapeut für jeden Menschen geeignet ist.

Manchmal brauchst du etwas mehr Geduld, um das Richtige für dich zu finden, und das ist auch in Ordnung. Wenn etwas, das in diesem Abschnitt aufgeführt ist, nicht für dich funktioniert, ist das absolut in Ordnung. Es kann sein, dass es für dich in der jetzigen Phase deines Lebens nicht funktioniert oder überhaupt nicht zu dir passt. Erlaube dir, dich umzuorientieren und neue Optionen auszuprobieren, von denen du denkst, dass sie für dich funktionieren könnten. Es gibt keine richtigen oder falschen Antworten, nur Dinge, die für dich am besten funktionieren, und andere, die es nicht tun.

Die folgenden Bücher sind meiner Meinung nach hilfreich:

Der Körper erinnert sich: Die Psychophysiologie des Traumas und der Traumabehandlung **von Babette Rothschild**

Eine hilfreiche Quelle der Sozialarbeiterin Babette Rothschild, die sowohl Berater und Beraterinnen als auch Klienten und Klientinnen mit Informationen über die biologische und physiologische Natur von Trauma und Traumaheilung versorgt.

Die Schattenseite der Seele. Wie man die dunklen Bereiche der Psyche in die Persönlichkeit integriert **von Connie Zweig und Jeremiah Abrams (Herausgeber)**

Eine Sammlung von Schriften von Fachleuten aus dem Bereich der psychischen Gesundheit (einschließlich Jung), Forschern und Vordenkern über das Konzept des Schattens und seine Auswirkungen auf unser Leben.

Archetypen: Urbilder und Wirkkräfte des Kollektiven Unbewussten **von Lorenz Jung (Herausgeber), C. G. Jung (Autor)**

Ein wegweisender Text, der einen Großteil von Jungs populärsten Werken und Theorien enthält. Das Buch beinhaltet Ausführungen über den Schatten, die Psyche und das kollektive Unbewusste.

Werde was du bist: Selbstverwirklichung durch Psychosynthese **von Piero Ferrucci**

Ein umfassendes Hilfsmittel, das auf der Grundlage der Psychosynthese-Theorie psychologisches und spirituelles Wissen vermittelt, um intrapersonelle Konflikte zu lösen.

Compassion Cards: Teachings for Awakening the Heart in Everyday Life **von Pema Chödrön**

Ein Kartenset mit 59 Mitgefühlskarten, die dir helfen, dich wieder mit persönlichem und kollektivem Mitgefühl zu verbinden, und einem Kommentar von Pema Chödrön.

Verletzlichkeit macht stark: Wie wir unsere Schutzmechanismen aufgeben und innerlich reich werden **von Brené Brown**

In diesem beliebten Buch erörtert Brené Brown geschickt ihre Forschungen über Scham und Verletzlichkeit, zwei Themen, die in der Schattenarbeit häufig vorkommen.

Bibliografie

Ainsworth, Mary D. et. al. *Patterns of Attachment: A Psychological Study of the Strange Situation*. New York: Psychology Press, 2015.

Corsini, Raymond J. und Danny Wedding. *Current Psychotherapies*, 8. Auflage. Belmont, CA: Brooks/Cole, 2008.

Peluso, Paul R., Jennifer P. Peluso, Joana F. White und Roy M. Kern. »A Comparison of Attachment Theory and Individual Psychology: A Review of the Literature«. *Journal of Counseling & Development* 82, Nr. 2 (Spring 2004): S. 139–145. https://dx.doi.org/10.1002/j.1556-6678.2004.tb00295.x.

PsychAlive. »What Is Your Attachment Style?« *PsychAlive*. Letzter Zugriff 7. Januar 2022. www.psychalive.org/ what-is-your-attachment-style.

Zweig, Connie und Jeremiah Abrams (Herausgeber). *Meeting the Shadow: The Hidden Power of the Dark Side of Human Nature*. New York: Tarcher/Penguin, 1991. Deutsche Ausgabe: *Die Schattenseite der Seele. Wie man die dunklen Bereiche der Psyche in die Persönlichkeit integriert*. dtv Verlagsgesellschaft, 1997.